聖書検定ギリシア語 公式テキスト
はじめてのギリシア語

はじめに
新約聖書とギリシア語

　旧約聖書はその大部分がヘブライ語で、その一部がアラム語で書かれている。新約聖書はギリシア語で書かれている。アレクサンドロス大王の遠征によってギリシア語は地中海沿岸地方全域に普及し、コイネー(共通の)・ギリシア語として国際的に用いられるようになった。これは普及するにつれて文法などが簡略化されたものであり、いわゆる古典ギリシア語とは区別される。

　紀元前3世紀にはエジプトのアレキサンドリアでヘブライ語の旧約聖書がコイネー・ギリシア語に訳され、広く用いられるようになった。このギリシア語旧約聖書は、一般に七十人訳(LXX)として知られている。早くから七十人訳旧約聖書はキリストの教会の聖書となり、イエスがキリストであることを証明する典拠とされた(使徒18:28)。

　新約聖書は、コイネー・ギリシア語で書かれ、旧約聖書からの引用には多く七十人訳が用いられた。このように新約聖書は日常語としてのギリシア語で書かれ、キリストの福音が庶民の言葉で世に残されることになった。

　主イエスの十字架上の罪状書きがヘブライ語(当時のアラム語)と公用語としてのラテン語のほかにギリシア語で書いてあった(ヨハネ19:20)のもこのあたりの事情を物語るものである。

著者しるす。

一般社団法人
聖書検定協会
Ⓡ商標登録 第5385562号

前書き

本課一【初級】

聖書検定とは

聖書検定ってなに？

聖書検定とは、聖書から出題される検定試験です。
検定を受けることにより、聖書を理解し、その真髄を知ることができます。
世界を知るにあたって、キリスト教とその文化は外（はず）せません。
クイズ感覚で楽しみながらステップアップ！

〈目的〉

聖書検定は、多くの方々に広く聖書を知っていただく機会となることが第一の目的です。「神のみことば」である聖書を知らないで日本の方々が過ごすことのないように、その勤勉で優れた国民性のゆえに検定という方法をとりました。

〈理念〉

- ●神のことばである聖書そのものを純粋に伝えます。
- ●教派を越え、かたよらないで、聖書の本質をきわめます。
- ●広く一般の方々に門戸を開き、じゅうぶんに親しんでいただきます。
- ●聖書といういつの世でももっとも影響力のある聖書の教えを身につけて広く、自由に世界へと羽ばたいていただくように願っています。
- ●聖書知識に限定しており、特定の教派（きょうは）やセクトに偏っていません。
- ●プロテスタント、カトリックの両方に配慮しています。

"わたしたちは、自分自身を宣べ伝えるのではなく、主であるイエス・キリストを宣べ伝えています。わたしたち自身は、イエスのためにあなたがたに仕える僕なのです。"（コリントの信徒（しんと）への手紙 二 4章 5節）

〈「聖書検定ギリシア語」の四つの特徴〉

1　【初級】・【上級（中級を含む）】共に、初めての方にも分かりやすい聖書検定ギリシア語公式テキストを作成しています。

2　適切な練習問題により習熟度を確認しながら学習ができます。

3　聖書検定ギリシア語試験の出題は、学習上大切なものだけを厳選しています。採点は丁寧に行い、正誤と共に模範解答を添えます。

4　通信による受検スタイルなので時間、場所を問わず、どなたでも受検することができます。

〈商標登録（しょうひょうとうろく）〉

『聖書検定』は商標登録しています。

Ⓡ 商標登録　第 5385562 号

必須テキスト・聖書について

必須テキストについて

このわかりやすいギリシア語の入門書で学ばれる方にとっての利点は、付録の見本としての豊富な試験問題を解きながら本書を学ぶことができることです。ギリシア語の正確な力が身につくとともに、検定試験合格への備えにもなり、とても効果的な学習方法となります。

※「聖書検定ギリシア語試験」は下記の必須テキストの範囲の中から行われます。
● 聖書検定ギリシア語 公式テキスト
　※この1冊の中に【初級】と【上級 (中級を含む)】とを掲載しています。

ギリシア語表記の聖書について

旧約聖書にしても、新約聖書にしても原語で聖書を読むことはきわめてむずかしいことは言うまでもありません。ところが近年になって、ありがたいことに、旧約も新約も原語の真下に逐語的に英語や日本語の訳がついている逐語対訳、通称インタリニア interlinear [行間に書き入れた] の聖書が手にはいるようになりました。旧約のヘブライ語にしても新約のギリシア語にしても基本的なことを学べば、それらを有効に使うことができます。

日本語表記の聖書について

旧約聖書はヘブライ語の原典から、新約聖書はギリシア語の原典から、各国語に翻訳されています。日本語に翻訳された『聖書』は、どの聖書も、もとをただせば原典にいたります。どの『聖書』でも翻訳の言葉や表現にそれぞれの特色がありますが、基本的に同じです。聖書検定で使われる聖書は、次の『聖書』を推奨しております。日本の教会や学校で多く使われている聖書も、次の『聖書』が一般的です。

●日本聖書協会発行　『聖書』(通称「口語訳聖書」と呼ばれます。原典に忠実な訳といわれて、今も使われています。
　　　　　　　　　　1954 年から発行されています。)
●日本聖書協会発行　『聖書　新共同訳』(通称「新共同訳、続編を含まない」といわれます。
　　　　　　　　　　1987 年から発行されています。プロテスタント用です。)
●日本聖書協会発行　『聖書　新共同訳』(通称「新共同訳、続編含む」といわれます。)
　　　　　　　　　　1987 年から発行されています。続編を含むためカトリック用の聖書です。
　　　　　　　　　　『聖書　聖書協会共同訳』(旧約聖書続編付き)
　　　　　　　　　　本検定試験は、一般の方を始め、キリスト教徒である方はプロテスタント・カトリックの
　　　　　　　　　　どなたでも受検できます。ただし聖書検定試験には続編を含みません。)
●日本聖書協会発行　『舊新約聖書』(古い訳です。通称「文語訳聖書」と呼ばれます。)
　　　　　　　　　　(文章が文語体で格調高いのが特色です。若い人には理解しにくいかもしれません。)
●いのちのことば社発行、新日本聖書刊行会翻訳　『聖書　新改訳』(通称「新改訳聖書」と呼ばれています。)
●いのちのことば社発行、新日本聖書刊行会翻訳・著作　『聖書 新改訳 2017』

聖書検定ギリシア語試験について

検定試験の方法について

●検定試験の【初級】、【上級（中級を含む）】ともに通信による筆記試験です。（時間や場所を問わず受検できます。）

検定試験の試験範囲について

「聖書検定ギリシア語」公式テキストの範囲の中から出題されます。

【初級】の出題範囲は、第1課から18課までです。

【上級（中級を含む）】はさらにそれらをふまえて第1課から第40課までの中から出題されます。

必ず「聖書検定ギリシア語」公式テキストをお求めいただき、学習の上、試験に臨んでください。

検定試験の認定の基準と検定試験受検順位について

※飛び級（とびきゅう）はできませんので、【初級】より順番に受けてください。

級	出題範囲	到達度	受検資格	再試験
【初級】	第1課から第18課まで	80% 以上	特にありません	検定試験の結果、得点が到達度に満たない場合、すぐに再チャレンジができます。
【上級】（中級を含む）	第1課から第40課まで（【初級】をふまえて出題）	80% 以上	【初級】の合格者	検定試験の結果、得点が到達度に満たない場合、すぐに再チャレンジができます。

検定試験の受検料について

※飛び級（とびきゅう）はできませんので、【初級】より順番に受けてください。

級	一般（大学生・18歳から一般）	学割（小学生から高校生）
【初級】	¥2,000（税込・送料込）	¥1,600（税込・送料込）
【上級】（中級を含む）	¥3,000（税込・送料込）	¥2,400（税込・送料込）

申し込みから受検の流れ

① 受検者は申し込み、受検料を支払う（申し込み方法は巻末 P179~P181 に記載）
↓
② 当協会より検定試験問題用紙、解答用紙、返信用封筒を受検者に送る
↓
③ 受検者は解答用紙に記入し、添付の封筒に入れ当協会に送り返す。
↓
④ 当協会は受検者の解答を丁寧に採点し、正誤と共に模範解答冊子と認定証を送る。

採点結果と認定証について

採点結果と、受検した級の認定証を発行します。（採点した解答用紙と模範解答冊子を同封）

受検申し込みは、巻末 P179~181 にて

聖書検定ギリシア語【初級】と【上級】の検定内容
（中級を含む）

【初 級】

Ⅰ ギリシア語とその文字
第 1 課　はじめてのギリシア語

第 2 課　ギリシア語の母音と子音

第 3 課　ギリシア語の二重母音と重子音

第 4 課　ギリシア語のアルファベット

Ⅱ 文の成り立ち（その 1 ）
第 5 課　ギリシア語の文法の手ほどき

第 6 課　動詞の活用

第 7 課　名詞と冠詞

第 8 課　名詞の格変化

第 9 課　人称代名詞

第 10 課　動詞 εἰμί の現在活用

第 11 課　形容詞

第 12 課　指示代名詞

第 13 課　前置詞

第 14 課　疑問代名詞と不定代名詞

Ⅲ 文の成り立ち（その 2 ）
第 15 課　文の要素

第 16 課　関係代名詞

Ⅳ 動詞の働き
第 17 課　動詞の用法

第 18 課　直説法現在時制

【上 級（中級を含む）】

Ⅳ 動詞の働き
第 19 課　未完了過去

第 20 課　未来

第 21 課　εἰμί の現在・未完了過去・未来

第 22 課　不定過去

第 23 課　現在完了・過去完了

第 24 課　中動態

第 25 課　能動形欠如動詞

第 26 課　音節とアクセント

第 27 課　前接詞と後接詞

第 28 課　分詞

第 29 課　不定法

第 30 課　命令法

第 31 課　接続法

第 32 課　条件文

第 33 課　希求法

第 34 課　比較法

第 35 課　数詞

第 36 課　再帰・相互・所有代名詞と所有形容詞

第 37 課　名詞（母音変化と子音変化）

第 38 課　特別動詞

第 39 課　形容詞（母音変化と子音変化）

第 40 課　音韻関係

本書の構成と使い方について

〈本書の構成〉

1 各課のタイトル **5** 「学習メモ」
2 各課の本文 **6** イラスト・図表で学習を補助
3 各課の練習問題 **7** ギリシア語書写
4 各課の単語 **8** 巻末に練習問題解答

【発音読みカナについて】
χριστός
[くリースト ス]

※次の音の前に小さく発音する
※太文字は強く発音する
※前の音に続いて小さく発音する

●ひらがな表記は日本語の発音にないもの
●カタカナ表記は日本語の発音と同じもの

●本文の内容に応じた図表や、イラストでわかりやすく！

●各課のタイトル

●各課の本文

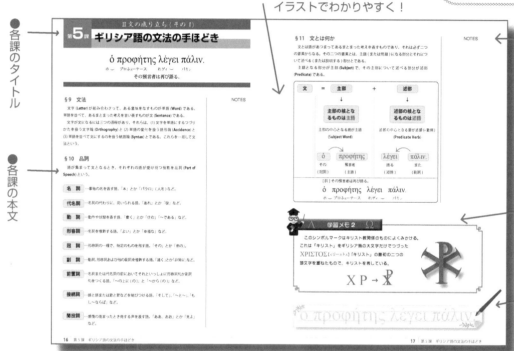

● 『NOTES』自由に書き込むことができるスペースを設けています。

● 「学習メモ」で豊かな聖書の学びができます。

●ギリシア語で「書写」をしてみましょう。巻末にもまとめています。

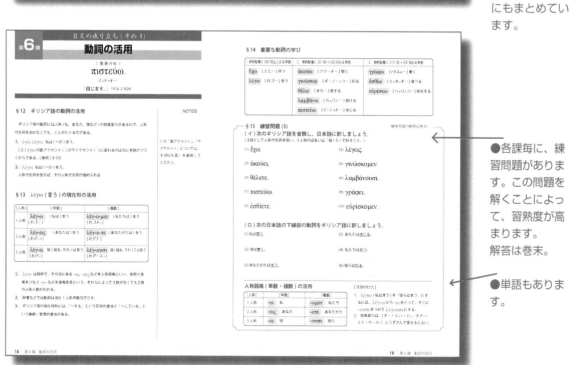

●各課毎に、練習問題があります。この問題を解くことによって、習熟度が高まります。解答は巻末。

●単語もあります。

聖書検定ギリシア語
はじめての聖書のギリシア語
【初級】

Ⅰ ギリシア語とその文字

Ⅱ 文の成り立ち (その 1)

Ⅲ 文の成り立ち (その 2)

Ⅳ 動詞の働き

第1課 はじめてのギリシア語

《 聖書の句 》

ἐγώ εἰμι ὁ χριστός.

エゴー　　エィミ　ホ　　くリーストス

「わたしはキリストである」（マタイ 24:5）

§1 入門

　いまから紹介するギリシア語の文は、主イエスご自身が語られたことばである。弟子たちが主イエスに「世の終りには、どんな前兆がありますか」とたずねると、主はそれに答えて「多くの者がわたしの名を名のって現れ、『わたしはキリストである』といって多くの人々を惑わすであろう」(マタイ 24:5) といわれた。

　下線部は本来、主イエス・キリストがご自分を指していうことばである。その下線部は新約聖書ギリシア語原典には次のようにある。

ἐγώ εἰμι ὁ χριστός.

　まず最初の単語から見ることにする。

【発音読みカナについて】

χριστός

[くリーストス]

※次の音の前に小さく発音する

※太字は強く発音する

※前の音に続いて小さく発音する

●ひらがな表記は→
　日本語の発音にないもの
●カタカナ表記は→
　日本語の発音と同じもの

「私は」

エ　ゴー

　ἐ の ε はローマ字の **e**[エ] にあたる。その上の [ʼ] は発音しない。γ は日本語で一般にガンマというが、**ga**[ガ] 行の **g**[グ] の音である。ω は一般にオメガといってギリシア語のアルファベットの最後の文字オメガであり、[オ] を伸ばした [オー] の音である。その上の [´] はアクセントのしるしで、その下の音を強く発音する。これらを合わせると [エゴー] となって、その意味は「私は」である。日本語でも「自我」とか「我」をエゴというが、このエゴもギリシア語と関係がある。

ἐ
発音しない
= e （ローマ字 e [エ] にあたる）

γ
= g の音 （ギリシア語の名称は、ガンマ）

ώ
下の文字を強く発音するアクセントのしるし
= オー （ギリシア語の名称は、オメガ）

「〜である」

エィ　ミ

　ε は、すでにみたが、その次の ἰ の ι はローマ字の **i**[イ] にあたる。その上の [ʼ] は発音しない。ε と ι を合わせて ει は [エイ] ではなく流れるように [エィ] と発音する。μ はアルファベットの **m**[エム] にあたり、**ma**[マ] 行の **m** の音である。μ と ι が合わさって μι はローマ字の **mi** にあたり、その発音は [ミ] である。これらを合わせると [エィミ] となって「(私は) 〜である」という意味になる。

ἰ
発音しない
= i （ローマ字 i [イ] にあたる）

μ
= m の音
（アルファベット m [エム] にあたる）

εἰ
エィ
⇒ 合わせて [エィ] と流れるように発音する

μι
ミ
⇒ 合わさって [ミ] と流れるように発音する
（ローマ字 mi [ミ] にあたる）

（冠詞）

[ˊ] は **ha**[ハ] 行の [h] の音である。ο は、ローマ字の **o**[オ] にあたる。したがって ὁ は英語の **the** にあたる冠詞で、ここでは私たちにとって「太陽 (**the sun**) のように一つしかないものにつけるばあいの冠詞である。

「キリスト」、「救い主」

χ はアルファベットの、いわゆるエックス (**x**) にあたり、ギリシア語でその文字の名称は [きー khi:] で、その文字の音はそのはじめの [kh く] の音である。ρ はアルファベットの **p** に似ているが、そうではなく、**r** にあたる。ι はアルファベットの **i** にあたる。この ι はこの単語の中では [イ] でなく [イー] と長く発音する。したがって ρι は [リー] と発音する。σ はアルファベットの **s** にあたる。小文字ではじまる χριστός は普通名詞として、大文字ではじまる Χριστός は固有名詞として用いられる。両方とも意味は同じである。固有名詞 Ἰησοῦς といっしょのときは必ず大文字ではじまる Χριστός を用いる。

τ はアルファベットの **t** にあたる。ο はアルファベットの **o** にあたる。その上の [ˊ] はアクセント記号であるから、その下の音をほかより強く発音する。τ と ο とがいっしょになって、ローマ字のタ [**ta**] 行のト [**to**] になる。したがって ο の上のアクセント記号は το [ト] を強めることになる。ς は σ が単語の最後にくるばあいは、ς を用いる。これらを合わせると [くリーストₛ] となって、その意味は「キリスト」、すなわち「救い主」という意味になる。

・
（ピリオド）

[̣] は英語のピリオド (終止符) にあたる。

ˊ = ㅎ の音

ὁ = ㅇ ローマ字 ο [オ] にあたる

※英語の **the** にあたる冠詞

χ = x （アルファベット x [エックス] にあたる）
（ギリシア語の名称は、[きー khi:]）
音は [kh く]

ρ = （アルファベット r [アール] にあたる）
ρι は [リー] と発音する

ι = （アルファベット i [アイ] にあたる）

σ = （アルファベット s [エス] にあたる）

τ = （アルファベット t [ティー] にあたる）
τ と ο とがいっしょになって、ローマ字のタ [ta] 行のト [to] になる。

ό = （アルファベット o [オー] にあたる）

ς = （σ が単語の最後にくるばあいは、ς を用いる。）

句読点の記号

「.」= （ピリオド）

全体をまとめると「わたしはキリストである」となり、英語にすれば **I am the Christ.** となる。ギリシア語は動詞に人称の変化があるので εἰμι だけで ἐγώ をつけなくても「私」が主語であることがわかる。したがって、あえて人称代名詞の ἐγώ をつけることは、主語としての ἐγώ を強調することになるので、よりくわしく訳せば **わたしこそキリストである** となる。

ἐγώ εἰμι ὁ χριστός.

エゴー   エィミ ホ   くリーストₛ
「わたしはキリストである」（マタイ 24:5）

ἐγώ εἰμι ὁ χριστός.

第2課 ギリシア語の母音と子音

《 聖書の句 》

ἐγώ εἰμι ὁ ἄρτος τῆς ζωῆς.

エゴー　エィミ　ホ　アルトス　テース　ゾーエ〜ス

「わたしがいのちのパンです」(ヨハネ 6:35)

§2　7つの母音と発音

NOTES

ギリシア語母音	α	ε	ι	ο	υ	η	ω
短母音	[ア]	[エ]	[イ]	[オ]	[ゆ]	[エー]	[オー]
長母音	[アー]		[イー]		[ゆー]		

※これらの母音は単語によって長くも短くも発音する。

次の母音字を声に出して発音してみましょう。

α　ι　υ　ε　ο　η　ω
[ア]　[イ]　[ゆ]　[エ]　[オ]　[エー]　[オー]

§3　子音の発音

子音と母音を合わせて発音してみましょう。

1. 唇音 (くちびるを使って出す音)

π パ [pa] 行の [p, プ] の音						
πα	πι	πυ	πε	πο	πη	πω
[パ]	[ピ]	[ピゅ]	[ペ]	[ポ]	[ペー]	[ポー]

β バ [ba] 行の [b, ブ] の音						
βα	βι	βυ	βε	βο	βη	βω
[バ]	[ビ]	[ブゅ]	[ベ]	[ボ]	[ベー]	[ボー]

φ 下唇を上の歯の縁に近づけて息を出すまさつ音 [ph, ふ]						
φα	φι	φυ	φε	φο	φη	φω
[ふァ]	[ふィ]	[ふゅ]	[ふェ]	[ふォ]	[ふェー]	[ふォー]

1. 唇音 π β

1. 唇音 φ

2. 喉音 (のどを使って出す音)

κ カ [ka] 行の [k, ク] の音						
κα	κι	κυ	κε	κο	κη	κω
[カ]	[キ]	[キゅ]	[ケ]	[コ]	[ケー]	[コー]

γ ガ [ga] 行の [g, グ] の音						
γα	γι	γυ	γε	γο	γη	γω
[ガ]	[ギ]	[ギゅ]	[ゲ]	[ゴ]	[ゲー]	[ゴー]

χ けんようすい (のどぼとけ) を振るわせてのどの奥から出す強い気息音 (kh)						
χα	χι	χυ	χε	χο	χη	χω
[か]	[き]	[きゅ]	[け]	[こ]	[けー]	[こー]

2. 喉音 κ γ χ

3. 舌音 (舌を使って出す音)

τ	タ [ta] 行の [t, ト] の音						
	τα	τι	τυ	τε	το	τη	τω
	[タ]	[ティ]	[テュ]	[テ]	[ト]	[テー]	[トー]

δ	ダ [da] 行の [d, ド] の音						
	δα	δι	δυ	δε	δο	δη	δω
	[ダ]	[ディ]	[デュ]	[デ]	[ド]	[デー]	[ドー]

θ	舌の先を上の歯にあてたまま強い息を出す音 [th, す]						
	θα	θι	θυ	θε	θο	θη	θω
	[さ]	[すィ]	[すゅ]	[せ]	[そ]	[せー]	[そー]

4. 流音 (息がつづくかぎり出せる音)

λ	舌先を軽く上の歯の裏にあてたまま舌の両側から声帯を響かせて出す音 [l, る]						
	λα	λι	λυ	λε	λο	λη	λω
	[ら]	[り]	[りゅ]	[れ]	[ろ]	[れー]	[ろー]

ρ	ラ [ra] 行の音。日本語とちがって舌を歯茎につけないで声帯を響かせて出す音 [r, ル]						
	ρα	ρι	ρυ	ρε	ρο	ρη	ρω
	[ラ]	[リ]	[リゅ]	[レ]	[ロ]	[レー]	[ロー]

μ	マ [ma] 行の [m, ム] の音						
	μα	μι	μυ	με	μο	μη	μω
	[マ]	[ミ]	[ムゅ]	[メ]	[モ]	[メー]	[モー]

ν	ナ [na] 行の [n, ン] の音						
	να	νι	νυ	νε	νο	νη	νω
	[ナ]	[ニ]	[ヌゅ]	[ネ]	[ノ]	[ネー]	[ノー]

5. 歯音 (上の前歯に舌を近づけて出す音)

σ, ς	サ [sa] 行の [s, ス] の音。σ は単語のはじめか、中で使われ、ς は単語の終わりに使う。						
	σα	σι	συ	σε	σο	ση	σω
	[サ]	[スィ]	[スゅ]	[セ]	[ソ]	[セー]	[ソー]

§4　練習問題 (1)　次の 5 つの文を日本語に訳してみましょう。 （練習問題の解答は巻末）

(1) ἐγώ εἰμι ὁ θεός.

(2) ἐγώ εἰμι ὁ κύριος.

(3) ἐγώ εἰμι ὁ χριστός.

(4) ἐγώ εἰμι ὁ ἄρτος.

(5) ἐγώ εἰμι ὁ ἄνθρωπος.

ἐγώ εἰμι...　[エゴー‿　エィミ]「私は〜である」

ὁ は冠詞。

ギリシア語には英語の a や an に相当する不定冠詞はなく、冠詞は英語の the に相当する定冠詞である。しかも性・数の区別があり、ὁ は男性の単数名詞につく男性単数の冠詞である。その主な用法として二つある。

　(1) 世に一つしかない特別なものにつける。問題 (1)-(4) がこの用法である。

　(2) 特定のものを指して [その、例の] を意味する。問題 (5) がこの用法である。

θεός　[せオス] 神

κύριος　[キゅーリオス] 主 (神のこと)

χριστός　[くリーストス] キリスト (救い主)

ἄρτος　[アルトス] パン (イエスは自分をいのちのパンにたとえた)

ἄνθρωπος　[アンすローポス] 人、人間

(᾿) は無気息記号。その記号は発音しない。[例] ἐγώ [エゴー]

(῾) は有気息記号。h の音を加える。[例] ὁ [ホ]

第3課 ギリシア語の二重母音と重子音

《 聖書の句 》

ἐγώ εἰμι ἡ ὁδὸς καὶ ἡ ἀλήθεια καὶ ἡ ζωή.

エゴー　エィミ　ヘー　ホドﾛ　　カィ　ヘー　アれーセィア　　カィ　ヘー　ゾーエー

「わたしが道であり、真理であり、いのちなのです」（ヨハネ 14:6）

§5　二重母音

αι	αυ	ει	ευ	οι	ου	υι	ᾳ	ῃ	ῳ
[アィ]	[アｩ]	[エィ]	[エｩ]	[オィ]	[ウー]	[ゆィ]	[アー]	[エー]	[オー]

※(注) アクセント記号や気息記号は、二重母音のばあいは、あとの母音字につく。[例] εἷς [ヘィス]

§6　重子音

<table>
<tr><td rowspan="2">ξ</td><td colspan="7">ｸサ [ksa] の [ks, ｸス] の音</td></tr>
<tr><td>ξα
[ｸサ]</td><td>ξι
[ｸスィ]</td><td>ξυ
[ｸスゅ]</td><td>ξε
[ｸセ]</td><td>ξο
[ｸソ]</td><td>ξη
[ｸセー]</td><td>ξω
[ｸソー]</td></tr>
<tr><td rowspan="2">ψ</td><td colspan="7">ﾌサ [psa] の [ps, ﾌス] の音。π+ς の音。</td></tr>
<tr><td>ψα
[ﾌサ]</td><td>ψι
[ﾌスィ]</td><td>ψυ
[ﾌスゅ]</td><td>ψε
[ﾌセ]</td><td>ψο
[ﾌソ]</td><td>ψη
[ﾌセー]</td><td>ψω
[ﾌソー]</td></tr>
<tr><td rowspan="2">ζ</td><td colspan="7">ザ [za] 行の [z, ズ] の音</td></tr>
<tr><td>ζα
[ザ]</td><td>ζι
[ズィ]</td><td>ζυ
[ズゅ]</td><td>ζε
[ゼ]</td><td>ζο
[ゾ]</td><td>ζη
[ゼー]</td><td>ζω
[ゾー]</td></tr>
</table>

NOTES

重子音 ξ ψ ζ

§7　練習問題 (2)　次の5つの文を日本語に訳しましょう。

（練習問題の解答は巻末）

(1) ἐγώ εἰμι ἡ ὁδός.

(2) ἐγώ εἰμι ἡ ἀλήθεια.

(3) ἐγώ εἰμι ἡ ζωή.

(4) ἐγώ εἰμι ἡ θύρα.

(5) ἐγώ εἰμι ἡ ἀνάστασις καὶ ἡ ζωή.

ἡ　[ヘー] は女性単数名詞につく冠詞である

ὁδός　[ホドﾛ] 道

ἀλήθεια　[アれーセィア] 真理

ζωή　[ゾーエー] いのち

θύρα　[すゅラー] 門

ἀνάστασις　[アナｽタスィﾛ] 復活

καί　[カィ] そして、〜と〜

ἐγώ εἰμι ἡ ὁδὸς καὶ ἡ ἀλήθεια καὶ ἡ ζωή.

第4課 ギリシア語のアルファベット

《 聖書の句 》

ἐγώ εἰμι τὸ Α καὶ τὸ Ω.

エゴー　エイミ　ト　アるふァ　カィト　オー・メガ

「わたしはアルファであり、オメガである。」(黙示 21:6)

§8　ギリシア文字

英語の abc など 26 文字をアルファベットと言うが、その名称はギリシア文字の最初の2つの文字から来ている。

大文字小文字	Aα	Bβ	Γγ	Δδ	Eε	Zζ
名称	ἄλφα [アるふァ]	βῆτα [ベータ]	γάμμα [ガムマ]	δέλτα [デるタ]	ἒ ψιλόν [エ・プスィークロン]	ζῆτα [ゼータ]
発音	[ア, アー]	[ブ]	[グ]	[ドゥ]	[エ]	[ズ]
大文字小文字	Ηη	Θθ	Ιι	Κκ	Λλ	Μμ
名称	ἦτα [エータ]	θῆτα [せータ]	ἰῶτα [イオータ]	κάππα [カッパ]	λάμβδα [らムブダ]	μῦ [ムゅー]
発音	[エー]	[す]	[イ, イー]	[ク]	[る]	[ム]
大文字小文字	Νν	Ξξ	Οο	Ππ	Ρρ	Σσ,ς
名称	νῦ [ヌゅー]	ξῖ [クスィー]	ὂ μικρόν [オ・ミークロン]	πῖ [ピー]	ῥῶ [ロー]	σίγμα [スィグマ]
発音	[ン]	[クス]	[オ]	[プ]	[ル]	[ス]
大文字小文字	Ττ	Υυ	Φφ	Χχ	Ψψ	Ωω
名称	ταῦ [タゥ]	ὒ ψιλόν [ゆー・プスィーるン]	φῖ [ふィー]	χῖ [きー]	ψῖ [プスィー]	ὦ μέγα [オー・メガ]
発音	[ト]	[ゆ, ゆー]	[ふ]	[く]	[プス]	[オー]

※(注1) 大文字は固有名詞(人名や地名など)の語頭に用いる。文頭にくる語でもギリシア語では小文字ではじめることが多い。

※(注2) 文字の書き方は印刷の活字にならって、以下に示した矢印から書き始める。

α β γ δ ε ζ η θ ι κ λ μ ν

ξ ο π ρ σ ς τ υ φ χ ψ ω

学習メモ 1　　アルファベット

英語のA, B, Cをアルファベット (Alphabet) というが、この名称はギリシア文字の最初のアルファとベータとがいっしょになってできたものである。英語の文字のほとんどがギリシア語の文字からきている。

ギリシア語の文法の手ほどき

$$\dot{o} \ \pi\rho o\varphi\acute{\eta}\tau\eta\varsigma \ \lambda\acute{\epsilon}\gamma\epsilon\iota \ \pi\acute{\alpha}\lambda\iota\nu.$$

ホー　 プロふェーテース　　　れゲィ　　　パりン

その預言者は再び語る。

§9　文法

　文字 (**Letter**) が組み合わさって、ある意味をなすものが単語 (**Word**) である。単語を並べて、あるまとまった考えを言い表すものが文 (**Sentence**) である。

　文字が文になるには三つの過程があり、それらは、(1) 文字を単語にするつづりかたを扱う文字論 (**Orthography**) と (2) 単語の変化を扱う語形論 (**Accidence**) と (3) 単語を並べて文にするのを扱う統語論 (**Syntax**) とである。これらを一括して文法という。

§10　品詞

　語が集まって文となるとき、それぞれの語が受け持つ役割を品詞 (**Part of Speech**) という。

| 名　詞 | …事物の名を表す語。「本」とか「パウロ」(人名) など。 |

| 代名詞 | …名詞の代わりに、用いられる語。「あれ」とか「彼」など。 |

| 動　詞 | …動作や状態を表す語。「書く」とか「住む」「〜である」など。 |

| 形容詞 | …名詞を修飾する語。「よい」とか「幸福な」など。 |

| 冠　詞 | …形容詞の一種で、特定のものを指す語。「その」とか「例の」。 |

| 副　詞 | …動詞、形容詞および他の副詞を修飾する語。「遠く」とか「非常に」など。 |

| 前置詞 | …名詞または代名詞の前においてそれといっしょに形容詞句か副詞句をつくる語。「〜の上に (の)」と「〜から (の)」など。 |

| 接続詞 | …語と語または節と節などを結びつける語。「そして」、「〜と〜」、「もし〜ならば」など。 |

| 間投詞 | …感情の高まったとき発する声を表す語。「ああ、おお」とか「見よ」など。 |

NOTES

§11 文とは何か

　文とは語が集まって、あるまとまった考えを表すものであり、それは必ず二つの要素からなる。その二つの要素とは、主題（または問題）になる部分とそれについて述べる（または説明する）部分とである。

　主題となる部分が主部（**Subject**）で、その主部について述べる部分が述部（**Predicate**）である。

[訳] その預言者は再び語る。

$$\overset{\text{ホ}}{\mathring{\text{o}}} \quad \overset{\text{プロふェーテース}}{\pi\rho o\phi\acute{\eta}\tau\eta\varsigma} \quad \overset{\text{れ}\textit{ゲ}\textit{ィ}}{\lambda\acute{\epsilon}\gamma\epsilon\iota} \quad \overset{\text{パりン}}{\pi\acute{\alpha}\lambda\iota\nu.}$$

学習メモ２

　このシンボルマークはキリスト教関係のものによくみかける。これは「キリスト」をギリシア語の大文字だけでつづった ΧΡΙΣΤΟΣ ［くリーストス］「キリスト」の最初の二つの頭文字を重ねたもので、キリストを表している。

$$\mathrm{X P} \rightarrow \underset{}{\overset{\mathrm{P}}{\mathrm{X}}}$$

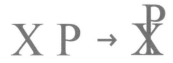

ὁ προφήτης λέγει πάλιν

Ⅱ 文の成り立ち (その 1)
動詞の活用

《 聖書の句 》

πιστεύω.

ピステゥオー

「信じます。」(マルコ 9:24)

§12　ギリシア語の動詞の活用

NOTES

1. の「鋭アクセント」、「平アクセント」については、§105(74 頁) を参照してください。

　ギリシア語の動詞には人称 (私、あなた、彼など) の語尾変化があるので、人称代名詞をおかなくても、ことがたりるのである。

1. ἐγὼ λέγω. 私は (〜が) 言う。

　[注] ἐγώ の鋭アクセント (´) が平アクセント (`) に変わるのは次に単語がつづくからである。[参照] §105

2. λέγω. 私は (〜が) 言う。

　人称代名詞を使えば、その人称代名詞が強められる。

§13　λέγω (言う) の現在形の活用

[人称]	[単数]	[複数]
1 人称	λέγ-ω 　(私は) 言う [れゴー]	λέγ-ο-μεν 　(私たちは) 言う [れゴメン]
2 人称	λέγ-εις 　(あなたは) 言う [れゲィス]	λέγ-ε-τε (あなたがたは) 言う [れゲテ]
3 人称	λέγ-ει 彼 (彼女、それ) は言う [れゲィ]	λέγ-ουσι 彼 (彼女、それ) らは言う [れグースィ]

1. λεγ- は語幹で、その次にある -ω, -εις などを人称語尾といい、語幹と語尾をつなぐ -ο- などを連尾母音という。それらによって主語がなくても主語の人称と数がわかる。

2. 辞書などでは動詞は現在 1 人称単数形で示す。

3. ギリシア語の現在時制には、「〜する」という即時的意味と「〜している」という継続・習慣的意味がある。

§14 重要な動詞の学び

1. 新約聖書に 500 回以上出る単語	2. 新約聖書に 201 回→ 500 回出る単語	3. 新約聖書に 151 回→ 200 回出る単語
ἔχω [エこー] 持つ λέγω [れゴー] 言う	ἀκούω [アクーオー] 聞く γινώσκω [ギーノースコー] 知る θέλω [せろー] 欲する λαμβάνω [らㇺバノー] 受ける πιστεύω [ピㇲテゥオー] 信じる	γράφω [ㇰラふォー] 書く ἐσθίω [エㇲすィオー] 食べる εὑρίσκω [ヘゥリㇲコー] 発見する

§15 練習問題 (3)

(イ) 次のギリシア語を音読し、日本語に訳しましょう。

(主語として人称代名詞を使い、3 人称のばあいは「彼 (ら) で訳すこと。)

(1) ἔχω.

(2) λέγεις.

(3) ἀκούει.

(4) γινώσκομεν.

(5) θέλετε.

(6) λαμβάνουσι.

(7) πιστεύω.

(8) γράφει.

(9) ἐσθίετε.

(10) εὑρίσκομεν.

(ロ) 次の日本語の下線部の動詞をギリシア語に訳しましょう。

(1) 私は聞く。

(2) あなたは信じる。

(3) 彼は書く。

(4) 私たちは持つ。

(5) あなたがたは言う。

(6) 彼らは知る。

人称語尾 (単数・複数) の活用

[人称]	[単数]		[複数]	
1 人称	-ω	私	-ομεν	私たち
2 人称	-εις	あなた	-ετε	あなたがた
3 人称	-ει	彼	-ουσι	彼ら

[活用の仕方]

1. λέγω (私は言う) を「彼らは言う」にするには、λέγ-ω から -ω をとって、そこに -ουσι をつけて λέγουσι にする。

2. 語尾変化は、[オー・エィス・エィ、オメン・エテ・ウースィ] と口ずさんで覚えるとよい。

19 第 6 課 動詞の活用

A　学習メモ**3**　Ω

試してみませんか。

　悪霊につかれてもののいえない子の父親と主イエスとの対話の中に
次のような場面があります。

「するとイエスは言われた。『できるものなら、と言うのか。
信じる者には、どんなことでもできるのです。』
するとすぐに、その子の父は叫んで言った。
【『　　　　　　　　　　　　』】。不信仰な私をお助けください。』」
(マルコ 9:23, 24)

　【 】の空白の所は、ギリシア語原典には 'πιστεύω.' とあります。
さて、あなたは、主語は何人称で、動詞はどんな意味かわかりますか。

●動詞の意味

●主語は (　　　　　) 人称

[ヒント]単語の意味は§14の2.の5番目のもので、その現在時制は§13の3.の前者である。

[答え]「(私は)信じます。」(マルコ 9:24)

πιστεύω.

第7課 Ⅱ 文の成り立ち（その1）
名詞と冠詞

《 聖書の句 》

Ὑμεῖς ἐστε τὸ φῶς τοῦ κόσμου.

ヒューメイス　　　エステ　　ト　　ふォース　　トゥ～　　コスムー

「あなたがたは世の光です。」（マタイ 5:14）

§16　名詞の各語尾の変化

日本語では名詞に*テニオハをつけるところをギリシア語では名詞そのものの語尾が変化する。

1. **主格**。「神は愛である」とか「神は語る」のように名詞が状態や動作をあらわす動詞の主語になるばあいの形である。

θεός [せオス]「神（は、が）」ἐγώ εἰμι ὁ θεός. のばあいは、θεός は主語ではないが、主語とイコールの立場にあるので主格が用いられる。

2. **属格**。「神のことば」とか「神の子」のように所属や所有を表すばあいの名詞の形。θεοῦ [せウ～]「神の」υἱὸς「ヒュィオス」「神の（息）子」（マルコ 15:39）

3. **与格**。「神に栄光があるように」のようなばあいの名詞の形。

θεῷ [せオ～]「神に」

4. **対格**。「神を愛する」のように動作の直接の目的語となるようなばあいの名詞の形。θεόν [せオン]「神を」

5. **呼格**。「おお、神よ」のように呼びかけるばあいの名詞の形。

θεέ [せエ]「神よ」

NOTES

＊「テニオハ」とは言葉をつなぐ「助詞」の総称

1. **主格**（動詞の主語になる）

ἐγώ εἰμι ὁ θεός.

↑主語ではないが、主語とイコールの立場にあるので主格が用いられる。

2. **属格**（所属や所有を表す）

υἱὸς θεοῦ

↑神の

3. **与格**（間接目的語を示す）

θεῷ

↑神に

4. **対格**（動作の直接の目的語となる）

θεόν

↑神を

5. **呼格**（呼びかける）

θεέ

↑神よ

§17　名詞の性

ギリシア語の名詞には、男性・女性・中性の三つの性 (**Gender**) があり、すべての名詞はそのいずれかに属する。性の区別のない無生物（机とか山）や抽象名詞（愛とか真理）が中性であるとはかぎらない。

1 男性	ἀνήρ 男 [アネール]	οἶκος 家 [オィコス]		
2 女性	μήτηρ 母 [メーテール]	ἀλήθεια 真理 [アれーセィア]	ὁδός 道 [ホドス]	ἀγάπη 愛 [アガペー]
3 中性	πρᾶγμα 物事 [プラ～グマ]	ὄρος 山 [オロス]	τέκνον 子（男女共） [テクノン]	

§18　名詞の数

名詞で数えられるものには単数と複数の区別がある。

[男性単数主格]

$\overset{\smile}{\alpha}\nu\theta\rho\omega\pi o\varsigma$ [**ア**ンォ**ロー**ポ**ス**]「人」　➡　[その複数]

$\overset{\smile}{\alpha}\nu\theta\rho\omega\pi o\iota$ [**ア**ンォ**ロー**ポィ]「人々」

§19　冠詞の性・数・格

ギリシア語では、名詞の前につく冠詞にも性・数・格の区別がある。冠詞はそれがつく名詞と性・数・格が一致する。

[男単主]	[女単主]	[中単主]
$\dot{o}$　$\dot{\alpha}\nu\acute{\eta}\rho$　その男	$\dot{\eta}$　$\mu\acute{\eta}\tau\eta\rho$　その母	$\tau\grave{o}$　$\overset{\smile}{o}\rho o\varsigma$　その山
[ホ　ア**ネー**ル]	[**ヘー**　**メー**テール]	[ト　**オ**ロス]

$\dot{o}$ [ホ](男単主)　$\dot{\eta}$ [ヘー](女単主)　$\tau\acute{o}$ [ト](中単主) の三つはよく用いられる冠詞であり、イロハニ [ホ]、[ヘー]、[ト] と覚えるとよい。

§20　冠詞の意味

1.　特定なものを指すばあい。

「その〜」「例の〜」「(みんなの知っている) あの〜」「こんな」

2.　種類を指すばあい。

「〜というものは (みな)」

3.　ただ一つしかないもの、たとえば神とか太陽などにつくばあい。

　冠詞の意味は文脈によって判断するほかない。またギリシア語には英語の **a** や **an** にあたる不定冠詞がないので、英語で不定冠詞をつけるようなばあいには、ギリシア語では冠詞をつけない。

《 1. の強調の用例 》

「神様。こんな罪人 ($\tau\tilde{\omega}$ $\dot{\alpha}\mu\alpha\rho\tau\omega\lambda\tilde{\omega}$ [男単与] < $\dot{o}$ $\dot{\alpha}\mu\alpha\rho\tau\omega\lambda\acute{o}\varsigma$) の私をあわれんでください。」(ルカ 18:13 新改訳)　この $\tau\tilde{\omega}$ $\dot{\alpha}\mu\alpha\rho\tau\omega\lambda\tilde{\omega}$ の格は §21 の与格を参照。

　「罪人」についている冠詞を「こんな〜」と訳している。詳訳聖書 (邦訳) では「こんな悪質な〜」と訳している。この一つの冠詞の中にこの取税人自身の罪認識の深さを読みとることができる。

A 　学習メモ4　Ω

四種類の愛

　　ギリシア語には愛を意味する語が四つある。

　$\dot{\alpha}\gamma\acute{\alpha}\pi\eta$ [**ア**ガ**ペー**] は、愛に値しないものを愛する愛である。神の愛はこれである。

　$\varphi\acute{\iota}\lambda\iota\alpha$ [ふィ**リアー**] は友愛、友情である。このほかに新約聖書にないものがある。

　$\overset{\smile}{\varepsilon}\rho\omega\varsigma$ [**エロー**ス] は愛に値するものを愛する愛で、とくに男女間の自然な愛、性愛、恋愛である。

　$\sigma\tau o\rho\gamma\acute{\eta}$ [ス**トル**ゲー] は親子の自然な愛情である。

§21 冠詞と名詞の格変化

	[男性単数]		[男性複数]
[主格](Nominative)	ὁ λόγ-ος [ホ_ろゴㇲ]	そのことばは	οἱ λόγ-οι [ホィ_ろゴィ]
[属格](Genitive)	τοῦ λόγ-ου [トウ〜_ろグー]	そのことばの	τῶν λόγ-ων [ト〜ン_ろゴーン]
[与格](Dative)	τῷ λόγ-ῳ [ト〜_ろゴー]	そのことばに	τοῖς λόγ-οις [トィㇲ〜_ろゴィㇲ]
[対格](Accusative)	τὸν λόγ-ον [トン_ろゴン]	そのことばを	τοὺς λόγ-ους [トゥーㇲ_ろグーㇲ]
[呼格](Vocative)	λόγ-ε [ろゲ]	ことばよ	λόγ-οι [ろゴィ]

1. λόγ-ος の λόγ- は語根 (語幹より基本的なもの) で、-ος のようにハイフン (**Hyphen**)[-] のあとの部分を格語尾といって、それが変化する。

2. 冠詞 ὁ の変化形と λόγος の格語尾の変化形が似ていることに注目すること。

3. 単数与格の ῳ について。α, η, ῳ それぞれの母音の下についている記号は副記イオタといって発音しない。これがつくばあいの a は必ず長母音である。

§22 練習問題 (4) 次の 5 つの文を日本語に訳しましょう。 (練習問題の解答は巻末)

(1) σὺ εἶ ἀπόστολος.

(2) αὐτός ἐστιν ὁ δοῦλος Χριστοῦ.

(3) ἐγώ εἰμι ἡ ἄμπελος. (ヨハネ 15:5)

(4) Ὑμεῖς ἐστε τὸ φῶς τοῦ κόσμου. (マタイ 5:14)

(5) ὁ ἀπόστολος λέγει τῷ δούλῳ τὸν λόγον τοῦ θεοῦ.

σὺ εἶ　あなたは〜である

ἀπόστολος, ὁ　使徒

δοῦλος, ὁ　しもべ

Χριστοῦ [くリーㇲトウ〜] キリストの (男単属< Χριστός, ὁ キリスト)
　大文字 Χ のばあいはイエスを指す固有名詞としての用法

ἄμπελος, ἡ　ぶどうの木

Ὑμεῖς ἐστε　あなたがたは〜である

φῶς, τό　光

τοῦ　(男単属< ὁ)

κόσμου　世の (男単属< κόσμος, ὁ 世)

λέγει　(彼は) 〜に〜を言う (< λέγω [私は] 言う)

θεοῦ　神の (男単属< θεός, ὁ　神)

Ὑμεῖς ἐστε τὸ φῶς τοῦ κόσμου.

Ⅱ 文の成り立ち (その1)
名詞の格変化

ἐγὼ λέγω τὸν λόγον τοῦ θεοῦ.

エゴー　　れゴー　　　トン　　　ろゴン　　トウ～　　せウ～

私は神のことばを語る。

§23　O 名詞の格変化
オミクロン

NOTES

　語幹が O (オミクロン) で終わる名詞の格変化を第二変化、または O (オミクロン) 変化という。その中には男性と女性と中性の名詞がある。その変化は男性の冠詞の変化に似ている。

§24　男、女、中性の冠詞と O 変化の名詞の格変化
オミクロン

数	格	[男性] ὁ ἄνθρωπος 人 (語幹 ἀνθρωπο-)		[女性] ἡ ὁδός 道 (語幹 ὁδο-)		[中性] τὸ τέκνον こども (語幹 τεκνο-)	
単数	[主格]	ὁ	ἄνθρωπος	ἡ	ὁδός	τὸ	τέκνον
	[属格]	τοῦ	ἀνθρώπου	τῆς	ὁδοῦ	τοῦ	τέκνου
	[与格]	τῷ	ἀνθρώπῳ	τῇ	ὁδῷ	τῷ	τέκνῳ
	[対格]	τὸν	ἄνθρωπον	τὴν	ὁδόν	τὸ	τέκνον
	[呼格]		ἄνθρωπε		ὁδέ		τέκνον
複数	[主格]	οἱ	ἄνθρωποι	αἱ	ὁδοί	τὰ	τέκνα
	[属格]	τῶν	ἀνθρώπων	τῶν	ὁδῶν	τῶν	τέκνων
	[与格]	τοῖς	ἀνθρώποις	ταῖς	ὁδοῖς	τοῖς	τέκνοις
	[対格]	τοὺς	ἀνθρώπους	τὰς [タ―ス]	ὁδούς	τὰ	τέκνα
	[呼格]		ἄνθρωποι		ὁδοί		τέκνα

O 変化に属するものは主として男性名詞 (.....ος) で、中性名詞 (.....ον) がそれに次ぎ、女性名詞 (.....ος) はわずかである。

§25 練習問題 (5) 次の５つの文を日本語に訳しましょう。 （練習問題の解答は巻末）

(1) ὁ προφήτης λέγει.

(2) ἐγώ εἰμι ὁ προφήτης.

(3) ἐγὼ λέγω τὸν λόγον τοῦ θεοῦ.

(4) ἐγὼ λέγω τῷ τέκνῳ αὐτοῦ τὸν λόγον τοῦ θεοῦ.

(5) τὸ τέκνον αὐτοῦ λέγει τοῖς ἀνθρώποις τὸν λόγον τοῦ θεοῦ.

τὸν λόγον τοῦ θεοῦ　神のことばを (< ὁ λόγος τοῦ θεοῦ　神のことば)

τῷ τέκνῳ　その子に (中3単与< τὸ τέκνον　その子 [息子か娘])

αὐτοῦ　彼の (男3単属< αὐτός　彼)

A 学習メモ5 Ω

永遠のいのち

　主イエス・キリストがご自身について ἡ ζωή というとき、それは永遠のいのちの源であるという意味である（ヨハネ11:25 ; cf.14：6）。

　キリスト教は、キリストの教えからなっているのではなく、生けるキリストが中心である。したがってキリストの教えの特徴は、「わたしは～である」である。キリストが信仰の対象であり、救い主であるからである。

　そして「わたしを信じる者は、死んでも生きるのです。また、生きていてわたしを信じる者は、決して死ぬことがありません」（ヨハネ11:25, 26）という主の約束がつづくのである。

　その約束の中で、前者はキリスト再臨時の復活で、後者はキリストの再臨時に生きている者の栄化と解せる（cf. Ⅰテサロニケ4：16,17；Ⅰコリント15：51,52）。

人称代名詞

《 聖書の句 》

ὁ πατήρ μου ὁ γεωργός ἐστιν.

ホ パテール　　ムー　ホ　ゲオルゴス　　エスティン

「私の父は農夫である。」(ヨハネ 15:1)

§26 ἐγώ「私」と σύ「あなた」の語形変化

NOTES

数	格	[一 人 称]	[二 人 称]
単数	[主格]	ἐγώ 私は	σύ あなたは
	[属格]	ἐμοῦ, μου 私の	σοῦ, σου あなたの
	[与格]	ἐμοί, μοι 私に	σοί, σοι あなたに
	[対格]	ἐμέ, με 私を	σέ あなたを
複数	[主格]	ἡμεῖς 私たちは	ὑμεῖς あなたがたは [ヒューメイス]
	[属格]	ἡμῶν 私たちの	ὑμῶν あなたがたの
	[与格]	ἡμῖν 私たちに	ὑμῖν あなたがたに
	[対格]	ἡμᾶς 私たちを	ὑμᾶς あなたがたを

§27 αὐτός「彼」と αὐτή「彼女」αὐτό「それ」の変化

数	格	[三 人 称]		
		[男性]	[女性]	[中性]
単数	[主格]	αὐτός 彼は	αὐτή 彼女は	αὐτό それは
	[属格]	αὐτοῦ 彼の	αὐτῆς 彼女の	αὐτοῦ それの
	[与格]	αὐτῷ 彼に	αὐτῇ 彼女に	αὐτῷ それに
	[対格]	αὐτόν 彼を	αὐτήν 彼女を	αὐτό それを
複数	[主格]	αὐτοί 彼らは	αὐταί 彼女らは	αὐτά それらは
	[属格]	αὐτῶν 彼らの	αὐτῶν 彼女らの	αὐτῶν それらの
	[与格]	αὐτοῖς 彼らに	αὐταῖς 彼女らに	αὐτοῖς それらに
	[対格]	αὐτούς 彼らを	αὐτάς 彼女らを [アッタース]	αὐτά それらを

ὁ πατήρ μου ὁ γεωργός ἐστιν.

1. 単独に用いられるときは普通の人称代名詞

αὐτὸς ἱλασμός ἐστιν.

［訳］ この方はなだめの供え物である。（Ⅰヨハネ 2:2)

(ἱλασμός 　[ヒーらスモス])

κρίνουσιν αὐτόν.

［訳］ 彼らは彼をさばく。

(κρίνουσιν 　[クリーヌースィン])

οὗτός ἐστιν ὁ δοῦλος αὐτοῦ.

［訳］ この方は彼のしもべである。

2. 名詞または代名詞とともに用いてそれを強調する。そして強調するものと性と数が一致する。

αὐτὸς ὁ ἀπόστολος または ὁ ἀπόστολος αὐτός

［訳］ その使徒自身

αὐτὴ ἡ ἐκκλησία または ἡ ἐκκλησία αὐτή

［訳］ その教会自体

(ἐκκλησία 　[エックれースィアー])

αὐτὸ τὸ δῶρον または τὸ δῶρον αὐτό ［訳］ その贈り物自体

αὐτὸς ἐγώ ［訳］ 私自身、この私が

αὐτοὶ ὑμεῖς ［訳］ あなたがた自身

αὐτὸς λέγει ［訳］ 「彼自身は言う」または「彼は言う」

3. 冠詞をつけると「同じ (**the same**)」の意になる。

ὁ αὐτὸς ἄνθρωπος

［訳］ (前に話した) その人、同じ人 (形容詞として [参] マタイ 26:44)

τὸν αὐτὸν λόγον ［訳］ 「同じことばを」

τὸ αὐτό ［訳］ 同じもの、こと (名詞として)

§28　練習問題 (6)　次の 5 つの文を日本語に訳しましょう。

（練習問題の解答は巻末）

(1) ἡ ἐπιστολὴ ἡμῶν ὑμεῖς ἐστε. (Ⅱコリント 3:2)

(2) ὁ πατήρ μου ὁ γεωργός ἐστιν. (ヨハネ 15:1)

(3) ὁ κύριος λέγει αὐτῷ ἀλήθειαν.

(4) αὐτὴ ἡ ἐκκλησία τὸ σῶμα αὐτοῦ ἐστιν.

(5) αὐτός ἐστιν ὁ αὐτὸς ἀνήρ.

| ἐπιστολή, ἡ | 手紙 |
| γεωργός, ὁ | 農夫 |

第10課 動詞 εἰμί の現在活用

《 聖書の句 》

ἐγὼ καὶ ὁ πατὴρ ἕν ἐσμεν.

エゴー　　カィ　　ホ　　パテール　　　ヘン　　エスメン

「わたしと父とは一つである。」（ヨハネ 10:30）

NOTES

§29　εἰμί の活用

[人称]	[単数]	[複数]
1 人称	εἰμί （私は）〜（で）ある	ἐσμέν （私たちは）〜（で）ある
2 人称	εἶ （あなたは）〜（で）ある	ἐστέ （あなたがたは）〜（で）ある
3 人称	ἐστί (ν) （彼 [女] は）〜（で）ある	εἰσί (ν) （彼らは）〜（で）ある

1.　εἶ 以外は、主語によってアクセントがなくなる。

　[例] εἰμί → ἐγώ εἰμι

2.　上記の (ν) は助音 (**Movable**) といって普通、次のばあいにつけられる。

　(1) ἐστί→ ἐστί(ν) 　（§35 の (1) (2) (3) のように ἐστί に ν がつく。）

　(2) すべての -σι に終わるもの。λύουσι(ν). （彼らは）解く。

　(3) 三人称単数動詞の -ε に終わるもの。ἤκουσε(ν). （彼は）聞いた。

§30　練習問題 (7)　次の 5 つの文を日本語に訳しましょう。

（練習問題の解答は巻末）

(1) ἐγώ εἰμι ὁ χριστός. （マタイ 24:5）

(2) σὺ εἶ ὁ υἱὸς τοῦ θεοῦ.

(3) ἡμεῖς ἐσμεν ναὸς θεοῦ. （[参] Ⅱコリント 6:16）

(4) Ὑμεῖς ἐστε τὸ φῶς τοῦ κόσμου. （マタイ 5:14）

(5) ἐγὼ καὶ ὁ πατὴρ ἕν ἐσμεν. （ヨハネ 10:30）

ναός [ナーオㇲ], ὁ 宮

Ὑμεῖς の Ὑ は υ の大文字

φῶς, τό 　光

κόσμου （単属＜ κόσμος, ὁ 世）

καί は、ἐγώ と ὁ πατήρ とを結ぶ接続詞

ἕν 　一つ（数詞）

ἐγὼ καὶ ὁ πατὴρ ἕν ἐσμεν.

第11課

形容詞

《 聖書の句 》

ἐγώ εἰμι ὁ ποιμὴν ὁ καλός.

エゴー　エィミ　ホ　ポィメーン　ホ　カろ ス

「わたしはよい羊飼いである。」（ヨハネ 10:11）

§31　形容詞の用法

NOTES

1.　形容詞は、名詞やそれに相当する語句を形容するのであるが、そのばあい、属性的に直接形容する方法と「～は～である」ように述語的に形容する方法とがある。

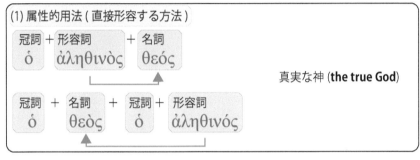

真実な神 (**the true God**)

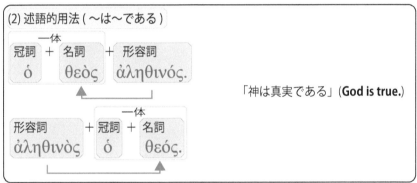

「神は真実である」(**God is true.**)

　(2) は両者とも「神は真実である」(**God is true.**) である。冠詞と名詞を一体と考えて、εἰμί 動詞 (英語の be 動詞に相当する) が省かれていると思えばよい。

　[例] ὁ θεός ἐστιν ἀληθινός.　　ἀληθινός ἐστιν ὁ θεός.

　定冠詞がつかないばあいには、ἀληθινὸς θεός にしても θεὸς ἀληθινός にしても、「真実な神」(属性的) とも、「神は真実である」(述語的) とも解されるので、文の前後関係で判断するほかない。

　また形容詞は、それが形容する語と性・数・格において一致しなければならないが、必ずしも形態が一致するとは限らない。

　　形態が同じばあい　　ὁ ἀγαθὸς λόγος (良いことば)　　　　τὸν ἀγαθὸν λόγον (良いことばを)

　　形態が異なるばあい　ἡ καλὴ ὁδός (良い道)

2.　形容詞の名詞的用法

(1) ἀγαθός 善良な男 (**a good man**)　　ἀγαθή 善良な女 (**a good woman**)　　ἀγαθόν よいもの (こと) (**a good thing**)

(2) ἀγαθοί 善良な男たち (**good men**)

(3) ὁ ἀγαθός その善良な男 (**the good man**)

(4) οἱ ἀγαθοί その善良な男たち (**the good men**)

NOTES

§32　ἀγαθός（良い）の変化

数	格	[男性]	[女性]	[中性]
単数	[主格]	ἀγαθός	ἀγαθή	ἀγαθόν
	[属格]	ἀγαθοῦ	ἀγαθῆς	ἀγαθοῦ
	[与格]	ἀγαθῷ	ἀγαθῇ	ἀγαθῷ
	[対格]	ἀγαθόν	ἀγαθήν	ἀγαθόν
	[呼格]	ἀγαθέ	ἀγαθή	ἀγαθόν
複数	[主格] [呼格]	ἀγαθοί	ἀγαθαί	ἀγαθά
	[属格]	ἀγαθῶν	ἀγαθῶν	ἀγαθῶν
	[与格]	ἀγαθοῖς	ἀγαθαῖς	ἀγαθοῖς
	[対格]	ἀγαθούς	ἀγαθάς	ἀγαθά

§33　ἅγιος（きよい）の変化、μικρός（小さい）の変化

		ἅγιος（きよい）の変化		
数	格	[男性]	[女性]	[中性]
単数	[主格]	ἅγιος	ἁγία	ἅγιον
	[属格]	ἁγίου	ἁγίας	ἁγίου
	[与格]	ἁγίῳ	ἁγίᾳ	ἁγίῳ
	[対格]	ἅγιον	ἁγίαν	ἅγιον
	[呼格]	ἅγιε	ἁγία	ἅγιον
複数	[主格] [呼格]	ἅγιοι	ἅγιαι	ἅγια
	[属格]	ἁγίων	ἁγίων	ἁγίων
	[与格]	ἁγίοις	ἁγίαις	ἁγίοις
	[対格]	ἁγίους	ἁγίας	ἅγια

		μικρός（小さい）の変化		
数	格	[男性]	[女性]	[中性]
単数	[主格]	μικρός [ミーックロス]	μικρά [ミークラー]	μικρόν
	[属格]	μικροῦ	μικρᾶς	μικροῦ
	[与格]	μικρῷ	μικρᾷ	μικρῷ
	[対格]	μικρόν	μικράν	μικρόν
	[呼格]	μικρέ	μικρά	μικρόν
複数	[主格] [呼格]	μικροί	μικραί	μικρά
	[属格]	μικρῶν	μικρῶν	μικρῶν
	[与格]	μικροῖς	μικραῖς	μικροῖς
	[対格]	μικρούς	μικράς	μικρά

(1) 男性と中性とは Ο 変化、女性は Α 変化である。

(2) -ος の前に ι（ἅγιος）または ρ（μικρός, 小さい）のある形容詞の女性単数主格の語尾は -α である。

(3) 母音変化（語尾の母音の変化 -ος → -ου）の形容詞は、性・数・格に応じた形をもち、それに相当する名詞と同じように変化する。

§34 練習問題 (8) 次の 6 つの文を日本語に訳しましょう。

（練習問題の解答は巻末）

(1) αὐτός ἐστιν ὁ ἀγαθὸς ἄνθρωπος.

(2) ἡ γλῶσσά ἐστιν κακή;

(3) καλὸν τὸ δένδρον.

(4) ἐγώ εἰμι ὁ ποιμὴν ὁ καλός. (ヨハネ 10:11)

(5) σὺ εἶ ὁ ἅγιος τοῦ θεοῦ. (ヨハネ 6:69)

(6) ἡ γλῶσσα πῦρ. (ヤコブ 3:6)

γλῶσσα, ἡ 舌

κακή 悪い（女単主＜ κακός ）

καλόν よい（中単主＜ καλός ）

δένδρον, τό 木

ποιμήν, ὁ 羊飼い

ἅγιος, ὁ 聖者

θεοῦ 神の（男単属＜ θεός, ὁ ）

πῦρ, τό 火

ギリシア語の文の後の (;) は疑問符であり、「?」に相当する

A 学習メモ 6 Ω

弟子

　μαθητής（弟子）は μανθάνω（学ぶ）から由来し、「学ぶ者」、「弟子」の意味である。

　英語の mathematics（数学）については同じ μανθάνω から μάνθημα（学問）が派生し、「学問」という意味の他に「学問」が意味において特殊化し「数学」の意味が加わった。

　こういういきさつからギリシア語の μαθητής（弟子）と英語の mathematics（数学）はつながりがある。μαθητής の μαθη- をアルファベットにおきかえると mathe- となり、mathematics（数学）の最初の 5 文字が同じになるのもこのためである。

ἐγώ εἰμι ὁ ποιμὴν ὁ καλός.

第12課 指示代名詞

《 聖書の句 》

τοῦτό ἐστιν τὸ αἷμά μου.

トウ〜ト　　エスティン　　ト　ハイマ　　ムー

「これはわたしの血である。」(マルコ 14:24)

§35　指示代名詞の用法

NOTES

1. 指示代名詞には性・数の区別があり、それが指示する事物や人の性・数に一致する。

　例文では οὗτος は男性単数であるから ὁ υἱός と一致し、αὕτη は女性単数であるから ἡ ἀγάπη と一致し、τοῦτο は中性単数であるから τὸ ἔργον と一致する。

(1) **οὗτός ἐστιν ὁ υἱὸς τοῦ θεοῦ.**

　[訳] 「この方は神の子である。」(ヨハネ 1:34)

　[参考] οὗτός の鋭アクセントについては §110 参照。

(1)

οὗτός の鋭アクセントについては §110(76 頁) を参照してください。

(2) **αὕτη ἐστὶν ἡ ἀγάπη τοῦ θεοῦ.**

　[訳] 「これは神の愛である。」(Ⅰヨハネ 5:3)

　[参考] ここでの「神の愛」は、神を愛すること ; ἐστὶν の平アクセントについては、次に他の単語がつづくために、鋭アクセント [´] が平アクセント [`] になったのである。

(3) **τοῦτό ἐστιν τὸ ἔργον τοῦ θεοῦ.**

　[訳]　これは神のわざ (τὸ ἔργον) である。(ヨハネ 6:29)

2. οὗτος の変化で注意すべきことは

(1) 有気息 (῾) をもたない形は τ で始まる。語頭の τ の有無は冠詞のばあいと同じである。

(2) 次音節 (最後から 2 番目) の母音も変化する。

　a) 尾音節に ο のあるときは、次音節は ου である。

　b) 尾音節が η または α のときは、次音節は αυ である。

3. οὗτος (これは) に対して、ἐκεῖνος, -η, -ο (あれは) がある。両者とも名詞を直接に修飾するときは、その名詞は必ず冠詞をとる。そして指示代名詞は冠詞の前か名詞の後に来る。

　　οὗτος ὁ ἄνθρωπος または ὁ ἄνθρωπος οὗτος (この人)

4. οὗτος が単独に用いられると「この (男の) 人」、αὕτη は「この (女の) 人」、τοῦτο は「この物、この事」、ταῦτα は「これらのこと」を意味する。

§36 οὗτος (これ) と ἐκεῖνος (あれ) は指示代名詞であ
るが、大部分は -ος の形容詞のように変化する。

οὗτος (これは) の変化			
数	格	[男性]	[女性]	[中性]
単数	[主格]	οὗτος	αὕτη	τοῦτο
	[属格]	τούτου	ταύτης	τούτου
	[与格]	τούτῳ	ταύτῃ	τούτῳ
	[対格]	τοῦτον	ταύτην	τοῦτο
複数	[主格]	οὗτοι	αὗται	ταῦτα
	[属格]	τούτων	τούτων	τούτων
	[与格]	τούτοις	ταύταις	τούτοις
	[対格]	τούτους	ταύτας	ταῦτα

ἐκεῖνος (あれは) の変化			
数	格	[男性]	[女性]	[中性]
単数	[主格]	ἐκεῖνος	ἐκείνη	ἐκεῖνο
	[属格]	ἐκείνου	ἐκείνης	ἐκείνου
	[与格]	ἐκείνῳ	ἐκείνῃ	ἐκείνῳ
	[対格]	ἐκεῖνον	ἐκείνην	ἐκεῖνο
複数	[主格]	ἐκεῖνοι	ἐκεῖναι	ἐκεῖνα
	[属格]	ἐκείνων	ἐκείνων	ἐκείνων
	[与格]	ἐκείνοις	ἐκείναις	ἐκείνοις
	[対格]	ἐκείνους	ἐκείνας	ἐκεῖνα

　οὗτος, αὕτη, τοῦτο の変化はそれぞれの性に相当する名詞の語尾および冠詞の変化と似ている。

§37　定冠詞 (Definite Article) の変化

定冠詞の変化				
数	格	[男性]	[女性]	[中性]
単数	[主格]	ὁ	ἡ	τό
	[属格]	τοῦ	τῆς	τοῦ
	[与格]	τῷ	τῇ	τῷ
	[対格]	τόν	τήν	τό
複数	[主格]	οἱ	αἱ	τά
	[属格]	τῶν	τῶν	τῶν
	[与格]	τοῖς	ταῖς	τοῖς
	[対格]	τούς	τάς	τά

§38　練習問題 (9)　次の 6 つの文を日本語に訳しましょう。　(練習問題の解答は巻末)

(1) οὗτός ἐστιν ὁ οἶκος αὐτοῦ.

(2) αὕτη ἐστὶν ἡ μαρτυρία τοῦ θεοῦ. (Ⅰ ヨハネ 5:9)

(3) τοῦτό ἐστιν τὸ σῶμά μου. (マタイ 26:26)

(4) ἐκεῖνός ἐστιν ὁ υἱός μου.

(5) τοῦτό ἐστιν τὸ αἷμά μου. (マルコ 14:24)

(6) οὗτός ἐστιν ὁ ἀληθινὸς θεός.

οἶκος, ὁ	家	μαρτυρία, ἡ　[マルテゅリアー] あかし (証)	
σῶμα, τό	からだ	αἷμά, τό　血	
ἀληθινός	真実な		

τοῦτό ἐστιν τὸ αἷμά μου.

熱烈な口<ruby>口<rt>くち</rt></ruby>づけ

次の単語を発音してみて下さい。

καταφιλέω.

【答】 κα-τα- φι -λέ- ω.（私はキッスする）
　　　[カ　タ　ふィ　れ　オー]

　かの有名な放とう息子のたとえ話の中に、「こうして彼は立ち上がって、自分の父のもとに行った。ところが、まだ家までは遠かったのに、父親は彼を見つけ、かわいそうに思い、走り寄って彼を抱き、口づけした」（ルカ15：20）とある。そして新改訳聖書には「口づけした」について、脚注に直訳として「何度も何度も口づけした」とある。そこに使用されている語の原形は、今、発音してもらった καταφιλέω である。

　この語は κατά（くりかえし、徹底的に、または、はげしく）＋ φιλέω（接吻する）からなっており、愛情を込めて心ゆくまで接吻する意味である。

　この語からこの父親、ひいてはキリストの父なる神がいかに愛なるお方であるかがうかがえる。

　ちなみに κατεσθίω ［カテスθィオー］は κατά（徹底的に）と ἐσθίω（食べる）からなって「食いつくす」意味となる。

前置詞

《 聖書の句 》

ἡμεῖς ἐκ τοῦ θεοῦ ἐσμεν.

ヘーメィス　エク　トウ～　セウ～　エスメン

「私たちは神から出た者である。」(Ⅰ ヨハネ 4:6)

§39　前置詞

　前置詞は名詞、またはそれと同じ働きをする語といっしょになって副詞句または形容詞句を作る。前置詞は、それがつく語の格を支配する面もあるが、史的にはむしろ格に意味があって、それに前置詞が意味をそえる面もある。

【 格が意味する一般的傾向 】

1. 属格はそのものから起こる運動を意味する。
　　παρὰ τοῦ φίλου　友人のところから (去る)

2. 与格はそのものに静止する位置を意味する。
　　παρὰ τῷ φίλῳ　友人のかたわらに (滞在する)

3. 対格はそのものに向かう運動を意味する。
　　πρὸς τὸν φίλον　友人のところへ (行く)
　　(古典ギリシア語では παρὰ τὸν φίλον である)

§40　前置詞が意味する位置と方向を示す図表

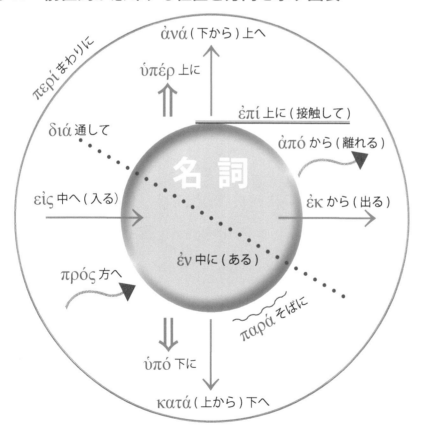

§41 前置詞、それが支配する格によって分類

前置詞は本来空間的な位置を示すもので、それが時間からさらに抽象的関係へと転用される。

前置詞を、それが支配する格によって分類すると次のようになる。

1. 属格支配

ἀπό 〜の側から (**away from**)

διά 〜を通って (**through**)、〜によって (**by means of**)

ἐκ 〜の中から (**out of**)、〜に属する (**of**)

ἐπί 〜の上で (に) (**on**) (ものに接触して上)

παρά 〜のところから (**from the side of**)

περί 〜について (**concerning**)

ὑπέρ 〜のために (**for the sake of**)

ὑπό 〜によって (**by**)

2. 与格支配

ἐν 〜の中に、〜において (**in**)

ἐπί 〜の上に (で)

παρά 〜の側に (**by**)、〜の近くに (**near**)、〜のところに (**with**)

3. 対格支配

διά 〜のために (**on account of**)

εἰς 〜の中へ (**into**)、〜へ (**to**) 、〜を求めて (**for**)

ἐπί 〜の上に (を)(**on**)、〜に関して (**concerning**)

παρά 〜のところへ (**toward**)、〜のそばに (**by**)

περί 〜のまわりに (**about**)

πρός 〜のところへ (**to**)、〜に向かって密接な交わりの関係に (**face to face with**) ([参照] ヨハネ 1:1-2)

ὑπέρ 〜の上に (**over**)、〜にまさって (**beyond, above**)

ὑπό 〜の下に (**under**)

§42 練習問題 (10)　次の 5 つの文を日本語に訳しましょう。

(練習問題の解答は巻末)

(1) ἡμεῖς ἐκ τοῦ θεοῦ ἐσμεν. (Ⅰ ヨハネ 4:6)

(2) ἡ ἀλήθεια οὐκ ἔστιν ἐν ἡμῖν. (Ⅰ ヨハネ 1:8)

(3) ὑπάγω καὶ ἔρχομαι πρὸς ὑμᾶς. (ヨハネ 14:28)

(4) Οὐκ ἔστιν μαθητὴς ὑπὲρ τὸν διδάσκαλον. (マタイ 10:24)

(5) ὁ λόγος ἦν πρὸς τὸν θεόν. (ヨハネ 1:1)

ὑπάγω 去って行く

πρός ＋対
　　〜のところへ (ヨハネ 14:28)
　　〜と相対して (密接な関係にいること ヨハネ 1:1)

μαθητής, ὁ 弟子

ὑπέρ ＋対 〜にまさっている

διδάσκαλος, ὁ 教師

ἦν 〜があった (未完了過去 3 単 < εἰμί)

Ⅱ文の成り立ち (その 1)

疑問代名詞と不定代名詞

《 聖書の句 》

εἴ τις ἐν Χριστῷ, καινὴ κτίσις.

エイ ティス エン くリーst〜 カィネー kティスィス

「だれでもキリストのうちにあるなら、その人は新しく作られた者である。」(Ⅱコリント 5:17)

§43 疑問代名詞の用法

NOTES

1. 直接的質問

σὺ τίς εἶ ; [訳] あなたはだれか。(ヨハネ 1:19)

τί ἐστιν ἀλήθεια ; [訳] 真理とは何か。(ヨハネ 18:38)

主語が抽象名詞のばあいは、性に関係なく τί を用いる。

2. 疑問詞による名詞節

γινώσκω τί ἔχει. [訳] 彼が何を持っているかわたしは知っている。

3. 疑問詞の形容詞的用法

τίνα μισθὸν ἔχετε;

[訳] どんな報いがあろうか (〜をあなたがたは持っているか)。(マタイ 5:46)

τίς ἄνθρωπος ἔρχεται; [訳] どんな人が来るのか。

4. 副詞的用法 (διὰ τί の代り)

τί κλαίεις (<κλαίω) ; [訳] あなたはなぜ泣いているか。(ヨハネ 20:13)

τί ποιεῖτε (<ποιέω) τοῦτο ;

[訳] あなたがたはなぜこんなことをするのか。(マルコ 11:3)

διὰ τί ὑμεῖς οὐ πιστεύετέ μοι ;

[訳] あなたがたはなぜわたしを信じないのか。(ヨハネ 8:46)

§44 疑問代名詞 τίς (だれが)、τί (何が) の変化

数	格	[男性・女性] [だれが]	[中性] [何が]
単数	[主格]	τίς	τί
	[属格]	τίνος	τίνος
	[与格]	τίνι	τίνι
	[対格]	τίνα	τί
複数	[主格]	τίνες	τίνα
	[属格]	τίνων	τίνων
	[与格]	τίσι	τίσι
	[対格]	τίνας	τίνα

§45 不定代名詞の用法

1. 不定代名詞にある普通の意味と強い意味

　文脈によって τις には「ある人 (**someone**)」と「だれでも (**anyone**); τι には「あること、あるもの (**something**)」と「何事でも、どんなものでも (**anything**)」の意味がある。

(1) 普通の意味

τις λέγει τι αὐτῷ.　　[訳]　ある人が彼に何か言う。

τινὲς ἐξ αὐτῶν γινώσκουσι τοῦτο.

　[訳]　彼らのうちのある人たちはこれを知っている。

(2) 強い意味

ἐὰν μή τις γεννηθῇ ἄνωθεν, οὐ δύναται ἰδεῖν τὴν βασιλείαν τοῦ θεοῦ.

　[訳]　だれでも (τις) 上から生まれなければ、神の国を見ることはできない。(ヨハネ 3:3)

ἐάν τι αἰτήσητέ με ἐν τῷ ὀνόματί μου, ἐγὼ ποιήσω.

　[訳]　何事でも (τι)、あなたがたがわたしの名によってわたしに願うならば、わたしはそれをかなえてあげる。(ヨハネ 14:14)

2. 形容詞的用法

κριτής τις ἦν ἔν τινι πόλει.

　[訳]　ある裁判官がある町にいた。(ルカ 18:2)

　(注) ἦν (〜がいた [...**was**]); ἔν については、§109 前接詞を参照のこと。

§46　不定代名詞 τὶς (ある人)、τὶ(ある物) の変化

数	格	[男性・女性] [ある人]	[中性] [ある物]
単数	[主格]	τὶς	τὶ
	[属格]	τινός	τινός
	[与格]	τινί	τινί
	[対格]	τινά	τὶ
複数	[主格]	τινές	τινά
	[属格]	τινῶν	τινῶν
	[与格]	τισί	τισί
	[対格]	τινάς	τινά

§47　練習問題 (11)　次の 11 の文を日本語に訳しましょう。 （練習問題の解答は巻末）

(1) τίς εἶ, κύριε; （使徒 9:5）

(2) περὶ τίνος ὁ προφήτης λέγει τοῦτο; （使徒 8:34）

(3) τίνος υἱός ἐστιν;

(4) τίνι λέγεις αὐτό;

(5) τίνα ἔχει;

(6) τί λέγει ἡ γραφή; （ガラテヤ 4:30）

(7) εἴ τις ἐν Χριστῷ, καινὴ κτίσις. （Ⅱコリント 5:17）

(8) ἄνθρωπός τις γινώσκει ταῦτα.

(9) τί με λέγεις ἀγαθόν; （マルコ 10:18）

(10) τίνα ζητεῖς; （ヨハネ 20:15）

(11) τινὲς αὐτῶν πιστεύουσι εἰς Χριστόν.

καινή （霊的に）新しい（女単主＜ καινός ）

κτίσις, ἡ 創造

ζητεῖς （あなたは）さがす（直現 2 単＜ ζητέω さがす）

εἴ τις ἐν Χριστῷ, καινὴ κτίσις.

このイエス

　御使いは、昇天するキリストをさして、「このイエス（οὗτος ὁ Ἰησοῦς）」（使徒 1:11）がふたたびおいでになることを言明している。 Ｊ・Ｂ・フィリップス訳では、このところが'This very Jesus'（まさにこのイエス）となっている。

　したがって、ほかの者が勝手に自分を「再臨のキリスト」であると自称しても、聖書にはその余地はない。

第15課 文の要素 (Elements of the Sentence)

Ἰάκωβός ἐστιν ἀπόστολος.

ィアコーボス　　　エスティン　　　　アポストろス

ヤコブは使徒である。

§48 文型と文の要素

文の要素からなる五つの文型は、言語によって表現形式は多少の違いはあるが、原理的なことはどこのことばも同じである。

1 [第 1 文型]	主語	+	動詞
(ギリシア語)	Παῦλος		λέγει.
(英 語)	Paul		talks.
(日 本 語)	パウロは		語る。

1 は、主題としての主語 (**Subject**) がそれ自体を説明するのに「語る」という動詞 (**Verb**) だけで、話がまとまるものである。たとえば、πάλιν (再び) が λέγει の後にあれば、「パウロは再び語る」ことで、πάλιν は副詞として λέγει を修飾する修飾語 (**Modifier**) であって文の要素ではない。

2 [第 2 文型]	主語	+	動詞	+	主語補語
(ギリシア語)	Παῦλός		ἐστιν		δίκαιος.
(英 語)	Paul		is		righteous.
(日 本 語)	パウロは		義なる方である。		

2 は、主語が何であるかの説明であり、A イコール B の関係である。B は、自動詞だけでは完全な意味を表さないので、それを補うもので、補語 (**Complement**) という。主語を補うので、とくに主格補語 (**Subjective Complement**) という。

3 [第 3 文型]	主語	+	動詞	+	目的語
(ギリシア語)	Παῦλος		λέγει		ἀλήθειαν.
(英 語)	Paul		says		truth.
(日 本 語)	パウロは		真理を語る。		

3 は、主語が何をするか、その目的を説明するものである。その目的を目的語 (**Object**) という。

4 [第 4 文型]	主語	+	動詞	+	間接目的語	+	直接目的語
(ギリシア語)	Παῦλος		λέγει		αὐτῷ		ἀλήθειαν.
(英 語)	Paul		tells		him		truth.
(日 本 語)	パウロは		彼に真理を語る。				

4 は、主語が何をするかの説明である点では 3 と同じであるが、この文型は誰に対してそうするか、その方向性が加わるのである。方向を表す目的語 (誰々に) を間接目的語 (**Indicative Object**) といい、(何々を) を直接目的語 (**Direct Object**) という。

5 [第 5 文型]	主語	+	動詞	+	目的語	+	目的補語
(ギリシア語)	Παῦλος		λέγει		με		ἀγαθόν
(英 語)	Paul		calls		me		good.
(日 本 語)	パウロは		私を善良 (である) という。				

5 では、主語は、その目的語が何であるか、または何をするかの説明であるから、目的語と補語との関係はイコールの関係である。この関係は部分的に 2 と同じである。この補語は目的語とイコールの関係にあるので、格は目的格であり、目的格補語 (**Objective Complement**) という。

§49　文中の語の強勢

語の強勢 (**Word Stress**) は主として語の配列によって決まる。原則として最も重要な語が文の初めに置かれ、その次に重要な語が最後に置かれる。したがって文の両端から中央に近づくにつれて語の強勢はだんだん弱くなる。

語の強勢順	(1 番) 文頭	(3 番) 文中	(2 番) 文末	
例文 1	Παῦλος	λέγει	ἀλήθεια. ∨	真理を語るのはパウロである。
例文 2	ἀλήθεια ∨	λέγει	Παῦλος.	パウロが語るのは真理である。
例文 3	λέγει	ἀλήθεια ∨	Παῦλος.	パウロは真理を語るのである。

§50　練習問題 (12)　次の 5 つの文を日本語に訳しましょう。 （練習問題の解答は巻末）

(1) Πέτρος ἔρχεται.

(2) Ἰάκωβός ἐστιν ἀπόστολος.

(3) Μαρία λέγει ἀλήθειαν.

(4) Φίλιππος λέγει μοι ἀλήθειαν.

(5) Ἀνδρέας λέγει σε ἀγαθόν.

Πέτρος ［人名］ペテロ

Ἰάκωβος ［ｨアコーボｽ］［人名］ヤコブ

Μαρία ［マリアー］［人名］マリヤ

Φίλιππος （< φίλος 愛している + ἵππος 馬）［人名］ピリポ

Ἀνδρέας ［ｱﾝﾄﾞレアーｽ］［人名］アンデレ

ἀλήθειαν 真理を（女単対 < ἀλήθεια, ἡ 真理）

μοι 私に（1 人称単与 < ἐγώ 私）

σε あなたを（2 人称単対 < σύ あなた）

ἀγαθόν 善良な（形容詞男単対 < ἀγαθός 善良な）

学習メモ 9　オートマチック

　オートマチック（< 英語 **automatic**）の語源はギリシア語（αὐτόματος）であるが、その「オート」にあたるところは、ギリシア語のこの用法からきている。

　英語の接頭辞 **auto-** は、「自己〜、自身の〜、自らの〜」の意の語形成要素で、ギリシア語の αὐτός の強調用法からきている。

Ἰάκωβός ἐστιν ἀπόστολος.

第16課 関係代名詞

ὁ ἱερεὺς ὃν Μαρία γινώσκει ἐστὶν Ζαχαρίας.

<ruby>ホ<rt></rt></ruby> <ruby>ヒェレゥス<rt></rt></ruby> <ruby>ホン<rt></rt></ruby> <ruby>マリアー<rt></rt></ruby> <ruby>ギーノースケィ<rt></rt></ruby> <ruby>エスティン<rt></rt></ruby> <ruby>ザカリアース<rt></rt></ruby>

マリヤが知っているその祭司はザカリヤである。

§51 関係代名詞の用法

　日本語には、英語やギリシア語のような、はっきりとした関係代名詞はないが、表現形式としては同じようなものをふだん使っているのである。たとえば、「これは私がつくった机です」といえば、その中で「私がつくった」というのは英語やギリシア語的には関係代名詞を使った表現なのである。「これは机です」だけでは、あまり意味がない。「私がつくった」という表現をいれて、はじめて意味が出てくるのである。これを英語やギリシア語では関係代名詞を使うのである。

　英語で説明すれば、はじめ、「これは机です。」(**This is a desk.**) といって、その後に「それを私がつくったのです。」(**I made it.**) と説明するわけである。その **it** を目的語を表す **which** に代えて、前出の机 (**desk**) の後につけ、その後に「私がつくった (**I made**)」をおくのである。すると、

This is a <u>desk</u> which I made.

という文ができる。さらにこうなると「机」は「私がつくった」という特定の机になるので、**a** の代わりに **the** をつけるのである。すると **which I made** は主語 (**I**) と動詞 (**made**) からなる形容詞、くわしくは主語と動詞からなるので形容詞節になるのである。このばあいは関係代名詞 **which** は **I made** (私がつくった) の目的語であるが、**I** を **he** にして **he made** にすれば、(彼がつくった)になり、**made** を **saw** にして、**he saw** にすれば、(彼が見た) 机になる。

A 学習メモ 10 Ω

真理

　ἀλήθεια [アれーセィア](真理) は ἀληθής (まことの) という形容詞からきている。この ἀληθής は ἀ- (否定を意味する接頭辞) + λήθω = λανθάνω (かくれる) からなり、語源的意味は「かくされていない→あらわれている」という意味である。

　したがって ἀλήθεια は「ありのままであること」から「真理」という意味になった。

(1) 主格の関係代名詞の用法

ὁ ἄνθρωπος ὅς ἔρχεταί ἐστιν ἀπόστολος.

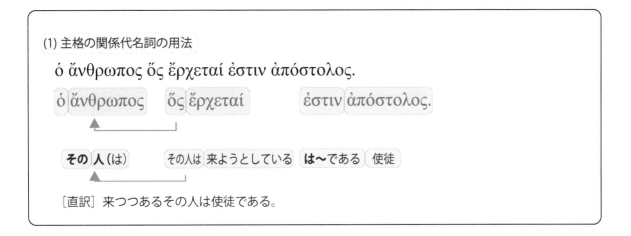

[直訳] 来つつあるその人は使徒である。

(2) 属格の関係代名詞の用法

ὁ ἄνθρωπος οὗ ἀναγινώσκω τὴν γράφήν ἐστιν ὁ προφήτης.

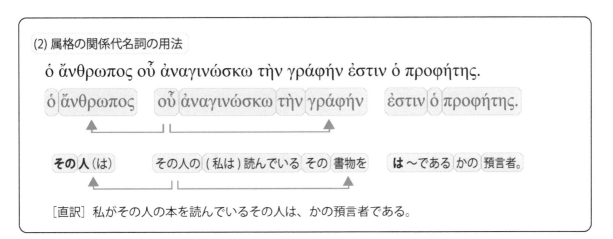

[直訳] 私がその人の本を読んでいるその人は、かの預言者である。

(3) 与格の関係代名詞の用法

ὁ ἄνθρωπος ᾧ ποιῶ ταῦτά ἐστιν δοῦλος.

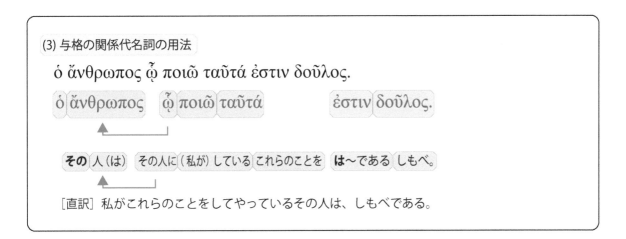

[直訳] 私がこれらのことをしてやっているその人は、しもべである。

(4) 対格の関係代名詞の用法

ὁ ἄνθρωπος ὅν ὁ δοῦλος φιλεῖ ἐστιν Παῦλος.

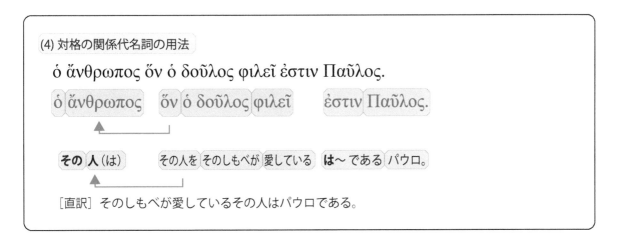

[直訳] そのしもべが愛しているその人はパウロである。

§52　関係代名詞 の変化

数	格	[男性]	[女性]	[中性]
		関係代名詞の変化		
単数	[主格]	ὅς	ἥ	ὅ
	[属格]	οὗ	ἧς	οὗ
	[与格]	ᾧ	ᾗ	ᾧ
	[対格]	ὅν	ἥν	ὅ
複数	[主格]	οἵ	αἵ	ἅ
	[属格]	ὧν	ὧν	ὧν
	[与格]	οἷς	αἷς	οἷς
	[対格]	οὕς	ἅς [ハース]	ἅ

§53　練習問題 (13)　次の6つの文を日本語に訳しましょう。 （練習問題の解答は巻末）

(1) ὁ ἄνθρωπος ὃς ὑπάγει ἐστὶν ἀπόστολος.

(2) ὁ ἄνθρωπος οὗ ἀναγινώσκω τὴν ἐπιστολή ἐστιν ὁ ἀπόστολος.

(3) ὁ ἄνθρωπος ᾧ ποιῶ ταῦτα προφήτης ἐστίν.

(4) ὁ προφήτης ὃν ὁ δοῦλος φιλεῖ Ἠλίας ἐστίν.

(5) ὁ ἱερεὺς ὃν Μαρία γινώσκει ἐστὶν Ζαχαρίας.

(6) ἡ γυνὴ ἣν αὐτὴ φιλεῖ ἐστιν Μαρία.

ὑπάγει	(3単現< ὑπάγω　去って行く)
Ἠλίας	[エーりーアース](人名)　エリヤ
Ζαχαρίας	[ザかリアース](人名)　ザカリヤ
γυνή, ἡ	女、婦人

ἀναγινώσκω	読む
ἱερεύς, ὁ	祭司
γινώσκει	(3単現< γινώσκω [ギーノースコー]知る)
φιλεῖ	(3単現< φιλῶ, -έω　愛する)

ὁ ἱερεὺς ὃν Μαρία γινώσκει ἐστὶν Ζαχαρίας.

第17課

動詞の用法

λέγω

れゴー

私は言う

§54　動詞の機能

文の中心は主語と述語 (動詞) である。文とは、何々が (主語)、何々する (動詞) から成っている。そこで動詞の機能について少し学ぶことにする。動詞には法 (**Mood**) と時制 (**Tense**) と態 (**Voice**) とがある。

1.　法 (**Mood**)

(1) **直説法** (**Indicative Mood**)「事柄を事実として述べること」

(2) **命令法** (**Imperative Mood**)「他者に命令すること」

(3) **接続法** (**Conjunctive Mood**)「未来への仮定、意図、期待に用いること」

(4) **希求法** (**Optative Mood**)「何かを願望すること」

(5) **不定法** (**Infinitive Mood**)「人称、数に関係なく述べること」

2.　時制 (**Tense**)

(1) **現在**

(2) **未来**

(3) **未完了過去** (**Imperfect Tense**: 継続的過去)

(4) **不定過去** (アオリスト : 一回限りの過去)

(5) **完了** (現在完了)

(6) **大過去** (過去完了)

3.　態 (**Voice**)

(1) **能動態** (**Active Voice**: 主語が動作の主体で、他者に対して何かをすること)

(2) **受動態** (**Passive Voice**: 主語が他者から何かをされること)

第6課ですでに学んだ λέγω (私は言う) は、この表では直説法と現在時制と能動態とに分類されることになる。

λέγω

第18課　直説法現在時制

οἱ δοῦλοι λύονται ὑπὸ τοῦ Χριστοῦ.

ホィ　　　　ドウ～ろィ　　　　　りゅオンタィ　　ヒゅポ　　トウ～　　　くリーストウ～

そのしもべたちはキリストによって解放される。

§55　現在時制 (Present Tense)

時制 (**Tense**) とは動詞が表す時のことである。現在時制には、線「—」で表現できる現在進行中の行為と点「．」で表現できる瞬間的な現在の行為とがある。

1. 私はいま食べている。[線 —]
2. 私は空腹になれば、食べる。[点 ．]

§56　直説法現在能動

上記の2つの文は、話し手がある事柄を事実として単にありのままを述べるもので、その述べ方を直説法 (**Indicative Mood**) という。さらに動作を行うものを主語とする動詞の形なので、それを能動態 (**Active Voice**) という。

したがって「(私は) 何々を解く (λύω)」は直説法現在時制能動態ということになる。

その動詞の活用形は次のようになる。

§57　現在能動の λύω「(私は) 解く」の活用

[人称]	[単数]	[複数]
1 人称	λύ-ω　（私は）解く	λύ-ο-μεν　（私たちは）解く
2 人称	λύ-εις　（あなたは）解く	λύ-ε-τε　（あなたがたは）解く
3 人称	λύ-ει　（彼 [女] は）解く	λύ-ου-σι　（彼らは）解く

[注]

1 長母音のしるしは [—] で示す。[例] λύ-ω [りゅ―オ―]

2 これから文法用語としての直説法と時制と能動態は、とくに必要でないかぎり省略する。

οἱ δοῦλοι λύονται ὑπὸ τοῦ Χριστοῦ.

§58 現在受動

　これまで学んできた動詞は「主人が奴隷を解放する」というように、主格がほかに働きかけるものであった。これを能動態(**Active Voice**)という。ところが、これとは反対に、主格がほかから働きかけられることがある。これを受動態(**Passive Voice**)という。

　受動態の文では、その動作をするものが(イ)生物のばあいは ὑπό ＋属格を用い、(ロ)無生物のばあいは ὑπό を用いないで、その代わりに与格を用いる。

能動態

ὁ κύριος λύει τὸν δοῦλον.

The master frees the slave.

[訳]　その主人はその奴隷を解放する。

受動態

ὁ δοῦλος λύεται ὑπὸ τοῦ κυρίου.

The slave is freed by the master.

[訳]　その奴隷はその主人によって解放される。

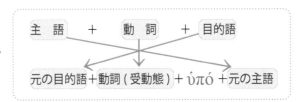

受動態

ὁ κόσμος τηρεῖται τῷ λόγῳ τοῦ θεοῦ.

The universe is kept by the word of God.

[訳]　宇宙は神のことばによって保持されている。

[参考] τηρεῖται は主語が 3 人称単数で動詞が現在受動態であり、その元の形(辞書形)は τηρῶ ＜ τηρέω「保持する」である。

§59　λύω の受動態現在の活用

[人称]	[単数]	[複数]
1 人称	λύ-ο-μαι （私は）解かれる [りゅーオマィ]	λυ-ό-μεθα （私たちは）解かれる
2 人称	λύ-ῃ(-ει) （あなたは）解かれる	λύ-ε-σθε （あなたがたは）解かれる
3 人称	λύ-ε-ται （彼[女]は）解かれる	λύ-ο-νται （彼らは）解かれる

§60　練習問題 (14)　次の 5 つの文を日本語に訳しましょう。

（練習問題の解答は巻末）

(1) ὁ κύριος διδάσκει τὸν δοῦλον.

(2) ὁ λόγος τοῦ θεοῦ τηρεῖ τὸν κόσμον.

(3) ὁ ἀπόστολος πέμπεται ὑπὸ τοῦ κυρίου.

(4) οἱ δοῦλοι λύονται ὑπὸ τοῦ Χριστοῦ.

(5) ἐκ τῆς Γαλιλαίας προφήτης οὐκ ἐγείρεται.(ヨハネ 7:52)

κύριος ὁ 主人（どれいに対して）、主（神として）
[きゅーリオㇲ]

διδάσκει （3 単現＜ διδάσκω 教える）

τηρεῖ （3単現＜ τηρῶ [-έω] 保持する）

κόσμον （男 3 対＜ κόσμος, ὁ 宇宙）

πέμπεται （3 単現受＜ πέμπω 送る）

ἐγείρεται （3 単現受＜ ἐγείρω 起こす）

【学習メモ 11】

神殿

　ギリシア語には神殿と訳される語が二つある。ἱερόν [ヒェロン] は建物だけでなく境内もふくむ。これに対し ναός [ナーオㇲ] は ναίω（居住する）に由来し、神が住みたもう聖所の意味である。

　パウロがキリスト者を「神の神殿」（Ⅰコリント 3:17）とか「聖霊の宮」（Ⅰコリント 6:19）というとき、ναός, ὁ が用いられている。

【学習メモ 12】

教会

　ἐκκλησία（教会）は ἐκκαλῶ（ἐκ 中から＋ καλῶ 呼ぶ）「呼び出す、召し出す」に由来し、それぞれの家から呼び出されて集った市民の集会を意味した。

　それが新約聖書ではキリストによってこの世から召し出されて一つに集められたキリスト者の群れの意味に用いられるようになった。これは地域的な群れにも世界の普遍的教会にも用いられている。

【学習メモ 13】

使徒

　ἀπόστολος（使徒）は、動詞 ἀποστέλλω（ἀπό [～から] ＋ στέλλω [遣わす]）に由来する。この動詞は [～から職権を委任して派遣する] 意である。したがって ἀπόστολος Χριστοῦ「キリストの使徒」（Ⅰコリント 1:1）となれば、キリストから職権を委ねられて遣わされた者の意となる。

【学習メモ 14】

預言者

προφήτης は、πρόφημι ＝ ［πρό（代わって）＋ φημί（語る）］ からきている。したがって代言者のことで、神の言葉を神に代わって民や個人に伝える人、主より言葉を預かって語る者のことである。それゆえ未来に起こることを前もって語るだけの「予言者」という訳語でなく、神からいったん言葉を預かる意味で「預言者」という訳語があてられている。

【学習メモ 15】

ホサナ

ホサナ（ὡσαννά）の語源とその意味はさだかでない。一説によれば、元来アラム語で「どうぞ救ってください」の意味であったといわれる。

主イエスの時代では「栄光あれ」「万歳」「ごきげんよう」の意味で用いられ、それがギリシア語に音写され福音書に見られる。（マタイ 21：9,15）

【学習メモ 16】

殉教者

英語で「殉教者」は martyr であるが、これはギリシア語の μάρτυρ（証人）からきている。キリストの多くの証人がキリスト教の歴史において殉教したことから、μάρτυρ（または -υς）という語に「殉教者」という意味が加わった。そして後者の意味でだけ英語に借用された。

【学習メモ 17】

「すべての〜」

新約聖書に 500 回以上出てくるギリシ語の形容詞は、「すべての〜」という意味の πᾶς ［パ〜ス］ であり、これには性・数の変化形がある。英語の Pan-American「汎米（ハンベイ）の、全米の」の Pan は πᾶς の変化形である πᾶν に由来する。

聖書検定ギリシア語【初級】は
ここまでです。
次頁からは、聖書検定ギリシア語【上級 (中級を含む)】です。

検定試験の試験範囲について

「聖書検定ギリシア語」公式テキストの範囲の中から出題されます。

【初級】の出題範囲は、第 1 課から第 18 課までです。

【上級 (中級を含む)】はさらにそれらをふまえて第 1 課から第 40 課までの中から出題されます。

巻末の聖書検定ギリシア語【初級】の試験問題の見本、

聖書検定ギリシア語【上級 (中級を含む)】の試験問題見本を参考にして下さい。

初級で基本的なことを学習したら、
上級 (中級を含む) にステップアップ！
そして、上級 (中級を含む) 試験にも
チャレンジして下さい！

ギリシア君

聖書検定ギリシア語
はじめての聖書のギリシア語
【上級（中級を含む）】

Ⅳ 動詞の働き

第19課　未完了過去

《 聖書の句 》

ἐβαπτίζοντο ὑπ' αὐτοῦ ἐν τῷ Ἰορδάνῃ ποταμῷ.

エバプティゾント　　ヒュパウトウ〜　　エン　ト〜　　イオルダネー　　ポタモ〜

「彼らはヨルダン川で彼からバプテスマを受けていた。」（マタイ 3:6）

§61　未完了過去 (Imperfect)

NOTES

　未完了過去は、過去における動作、状態の継続・反復・習慣および「〜しようとした」を表す。

§62　λύω の未完了過去の活用

[人称]	[単数]	[複数]
1 人称	ἔ-λυ-ο-ν（私は）解いていた [エリューオン]	ἐ-λύ-ο-μεν（私たちは）解いていた
2 人称	ἔ-λυ-ε-ς（あなたは）解いていた	ἐ-λύ-ε-τε（あなたがたは）解いていた
3 人称	ἔ-λυ-ε(ν)（彼[女]は）解いていた	ἔ-λυ-ο-ν（彼らは）解いていた

1. 語幹 λυ- のすぐ後の o または ε は連尾母音 (**Variable Vowel**) といって、語幹と語尾とを結ぶものである。μ, ν の前では、o をそのほかの文字の前では ε を入れる。

2. 未完了過去では一人称単数と三人称複数は常に同形である。

3. 語幹 λυ- の前の ε は過去を表すしるしで、加音 (**Augment**) という。子音で始まる動詞には ἐ をつける。[例外] ἤθελον (< θέλω 欲する)。母音で始まるときは ε の代わりに語頭の母音が長母音になる。注) 動詞の用例はどれも一人称単数で示す。

　　α, ε → η　　　　o → ω　　　ι → ι（長母音）　　　υ → υ（長母音）

　　ἄγω（導く）→ ἦγον　　　　ἐσθίω（食べる）→ ἤσθιον

　　ὁμολογέω（告白する）→ ὡμολόγουν (< ὡμολόγεον)

　　[例外] ἔχω（持っている）→ ἔεχον → εἶχον

4. 合成動詞においては、加音は前置詞の後に来る。前置詞が母音で終わるとき、その母音は加音の前で脱落する。

(1) 前置詞が子音で終わるばあい

　　ἐκβάλλω「追い出す」の未完了過去は ἐξέβαλλον となる。

　　（注）ἐκ は母音の前では ἐξ となる。

(2) 前置詞が母音で終わるばあい

　　ἀποστέλλω「遣わす」→ ἀπέστελλον

　　ἀπάγω (ἀπό+ἄγω)「連れて行く」→ ἀπῆγον

§63　λύω の受動態未完了過去の活用

[人称]	[単数]	[複数]
1人称	ἐ-λυ-ό-μην （私は）解かれていた [エリゅーオメーン]	ἐ-λυ-ό-μεθα （私たちは）解かれていた
2人称	ἐ-λύ-ου （あなたは）解かれていた	ἐ-λύ-ε-σθε （あなたがたは）解かれていた
3人称	ἐ-λύ-ε-το （彼［女］は）解かれていた	ἐ-λύ-ο-ντο （彼らは）解かれていた

§64　[用例]

NOTES

パウロはガラテヤ書で「わたしは激しく神の教会を迫害していた (ἐδίωκον [**I was persecuting**])」(1:13) といっている。ここで過去の継続的行動が未完了過去の能動態で書かれている。

さらにマタイの福音書では、人々がヨハネのところに出てきて自分の罪を告白して「彼らはヨルダン川で彼によってバプテスマされていた (ἐβαπτίζοντο [**They were being baptized**])」(3:6) とある。ここでは未完了過去の受動態で書かれている。

§65　練習問題 (15)　次の5つの文を日本語に訳しましょう。（練習問題の解答は巻末）

(1) ἐγὼ ἐδίωκον τὴν ἐκκλησίαν τοῦ θεοῦ.（ガラテヤ 1:13）

(2) ἐγώ εἰμι Ἰησοῦς ὃν σὺ διώκεις.（使徒 9:5）

(3) αὐτοὶ ἤσθιον τὸν ἄρτον ἐκ τοῦ οὐρανοῦ.

(4) ἐβαπτίζοντο ὑπ' αὐτοῦ ἐν τῷ Ἰορδάνῃ ποταμῷ.（マタイ 3:6）

(5) ἐσῴζοντο τῷ λόγῳ τοῦ Χριστοῦ.

ἐδίωκον （1単未完＜ διώκω 迫害する）	ἤσθιον （3複未完＜ ἐσθίω 食べる）
οὐρανοῦ（男単属＜ οὐρανός 天）	ἐβαπτίζοντο （3複未完受＜ βαπτίζω バプテスマする）
Ἰορδάνῃ （男単与＜ Ἰορδάνης ヨルダン（川））	ποταμῷ （男単与＜ ποταμός 河）
ὑπ' αὐτοῦ→ὑπό　～によって＋ αὐτοῦ (3男単属＜ αὐτός 彼)	
ἐσῴζοντο (3複未完受＜ σῴζω 救う)	

ἐβαπτίζοντο ὑπ' αὐτοῦ ἐν τῷ
Ἰορδάνῃ ποταμῷ.

未　来

τοῦτο τὸ εὐαγγέλιον κηρυχθήσεται αὐτοῖς.

トゥ〜ト 　ト 　　エゥアンゲりオン 　　　ケーリゅくせーセタィ 　　アゥトィス

この福音は彼らに宣べ伝えられるであろう。

§66　未来 (Future)

未来時制は、将来起ころうとしていることを表す。

§67　λύω の未来の活用

[人称]	[単数]	[複数]
1 人称	λύ-σ-ω （私は）解くであろう [リゅーソー]	λύ-σ-ο-μεν （私たちは）解くであろう
2 人称	λύ-σ-εις （あなたは）解くであろう	λύ-σ-ε-τε （あなたがたは）解くであろう
3 人称	λύ-σ-ει （彼 [女] は）解くであろう	λύ-σ-ου-σι （彼らは）解くであろう

未来形は語根 (λυ-) ＋未来のしるし (-σ-) ＋人称語尾 (-ω) で、複数の ο/ε/

ου は連尾母音で、その後は人称語尾。

1. 黙音子音で終わる語幹に σ がつくとき、次のようになる。

(1) κ, γ, χ+σ → ξ [現在形]ἄγω「導く」→ [未来形]ἄξω

　　[現在形]φυλάσσω「見張る」（語幹 φυλακ）→ [未来形]φυλάξω

(2) π, β, φ+σ → ψ [現在形]γράφω「書く」→ [未来形]γράψω

(3) τ, δ, θ+σ → σ [現在形]πείθω「説得する」→ [未来形]πείσω

　　[現在形]σῴζω「救う」[語幹 σωδ] → [未来形]σώσω

2. 語幹の最後の短母音は、それに σ がつくとき、その短母音は長くされる。

(1) α → η [現在形]νικάω [ニーカオー]「勝つ」→ [未来形]νική-σω

(2) ε → η [現在形]μισέω [ミーセオー]「憎む」→ [未来形]μισή-σω

(3) ο → ω [現在形]φανερόω [ふァネロオー]「現わす」

　　　→ [未来形]φανερώ-σω

§68 λύω の受動態未来の活用

[人称]	[単数]	[複数]
1人称	λυ-θή-σ-ο-μαι (私は) 解放されるであろう [りゅせーソマィ]	λυ-θη-σ-ό-μεθα (私たちは) 解放されるであろう
2人称	λυ-θή-σ-η (あなたは) 解放されるであろう	λυ-θή-σ-ε-σθε (あなたがたは) 解放されるであろう
3人称	λυ-θή-σ-ε-ται (彼[女]は) 解放されるであろう	λυ-θή-σ-ο-νται (彼らは) 解放されるであろう

1. 受動態未来の語尾は受動態現在の連尾母音 o/ε (λυ-ο-μαι) に能動態未来の
ときの σ がつき、さらにその前に θη が加わったものである。

2. 語幹が短母音 α, ε, o で終わる動詞は、能動態のばあいと同じように現在と未
完了過去以外のときその短母音は長くされる。

$$α → η,$$
$$ε → η,$$
$$o → ω$$

ἀγαπάω「愛する」→受未 ἀγαπηθήσομαι

ἐλεέω「あわれむ」→受未 ἐλεηθήσομαι

δικαιόω「義とする」→受未 δικαιωθήσομαι

3. 語幹が黙音で終わるときは θη の前で次のようになる。

$$κ, γ, χ+θ → χθ$$
$$π, β, φ+θ → φθ$$
$$τ, δ, θ+θ → σθ$$

ἀνοίγω「開く」→受未 ἀνοιχθήσομαι

πέμπω「送る」→受未 πεμφθήσομαι

κηρύσσω (語幹 κηρυκ-)「宣べ伝える」→受未 κηρυχθήσομαι

βαπτίζω (語幹 βαπτιδ-)「バプテスマする」→受未 βαπτισθήσομαι

4. 語幹が次のように縮まるものがある。

καλέω「呼ぶ」→受未 κληθήσομαι

κρίνω「さばく」→受未 κριθήσομαι

σῴζω「救う」→受未 σωθήσομαι

§69　[用例]

1.　未来能動の用例

　　ποιήσω ὑμᾶς ἁλεεῖς ἀνθρώπων.

[訳]　わたしはあなたがたを人間をとる漁師にする。(マタイ 4:19)

(ἁλεεῖς 複主対＜ ἁλιεύς, ὁ 漁師)

2.　未来受動の用例

　　λυθήσεται ὁ σατανᾶς ἐκ τῆς φυλακῆς αὐτοῦ.

[訳]　サタンは自分の獄から解放されることになる。(黙示 20:7)

(φυλακῆς 単属＜ φυλακή, ἡ 獄)

§70　練習問題 (16)　次の5つの文を日本語に訳しましょう。　（練習問題の解答は巻末）

(1) ὁ κύριος λύσει τοὺς δούλους.

(2) διδάσκαλε, ἀκολουθήσω σοι.

(3) αὐτὸς ὑμᾶς βαπτίσει.

(4) λυθήσεται ὁ δοῦλος.

(5) τοῦτο τὸ εὐαγγέλιον κηρυχθήσεται αὐτοῖς.

ἀκολουθήσω　(1 単未＜ ἀκολουθέω　従う)

τοῦτο τὸ εὐαγγέλιον

κηρυχθήσεται αὐτοῖς.

言葉

　新約聖書には「言葉」を意味するギリシア語が二つ使われている。一つは λόγος［ろゴス］で、それは「思想の表現としてのことば」であり、もう一つは ῥῆμα［レーマ］で、それは実際に「語られることば」である。

　「信仰は聞くことから始まり、聞くことは、キリストのみことばによるのです」（ローマ 10:17）の中の「ことば」は後者が使われている。それは聖書をとおして生けるキリストが心の耳に語りかけることばとも解せる。

第21課　εἰμί の現在・未完了過去・未来

《 聖書の句 》

ἐγώ εἰμι ἡ ἄμπελος ἡ ἀληθινή.

エゴー　　エィミ　ヘー　　　アムペろス　　　ヘー　アれーすィネー

わたしはまことのぶどうの木である。（ヨハネ 15:1）

§71　εἰμί の2つの用法

εἰμί には「〜はある」という存在と「〜は〜である」という説明の2つの用法があり、よく用いられる動詞である。

1. ἐγώ εἰμι. わたしはいる（存在する）。

2. ἐγώ εἰμι βασιλεύς. わたしは王である。

　1. は主語＋動詞であり、2. は主語＋動詞＋補語である。1. ではその動詞は存在を意味し、2. では、主語の説明の役をしている。

　εἰμί 動詞の活用形は、現在と未完了と未来の3つだけである。現在の活用形は、復習のため再度引用する。

§72　εἰμί の活用

[人称]	[単数]	[複数]
1人称	εἰμί (I) am	ἐσμέν (we) are
2人称	εἶ (you) are	ἐστέ (you) are
3人称	ἐστί (ν) (he, she, it) is	εἰσί(ν) (they) are

§73　εἰμί の未完了過去の聖句

　Ἐν ἀρχῇ ἦν ὁ λόγος.

　　ἐν ＋与格〜において

　　ἀρχῇ （女単与＜ ἀρχή, ἡ はじめ）

　　ἦν （1 単未完＜ εἰμί 〜はある）

　　λόγος, ὁ ことば

[訳]　はじめにことばがあった。（ヨハネ 1:1）

[解説]

　ロゴスは肉体をとる前は、人目にふれない「理性」にあたり、肉体をとって、はじめて人目にふれ、認識されたので「ことば」にあたる。これはキリストの受肉前と受肉後について語っているのである。はじめにあったのは理性としての λόγος であり、受肉後はことばとしてのロゴスである。したがって日本語訳では 1:1-14 までは λόγος をすべて「ロゴス」と訳すほうが原典に近いのである。

§74 εἰμί の未完了過去の活用

[人称]	[単数]	[複数]
1人称	ἦν (ἤμην) (I) was	ἦμεν (ἤμεθα) (we) were
2人称	ἦς (ἦσθα) (you) were	ἦτε (you) were
3人称	ἦν (he, she, it) was	ἦσαν (they) were

§75 εἰμί の未来の聖句

οὗτος ἔσται μέγας.

[訳] この方は大いなる者になる (**He will be great.**)。(ルカ 1:32)

§76 εἰμί の未来の活用

[人称]	[単数]	[複数]
1人称	ἔ-σ-ο-μαι (I) shall be	ἐ-σ-ό-μεθα (we) shall be
2人称	ἔ-σ-η (you) shall be	ἔ-σ-ε-σθε (you) shall be
3人称	ἔ-σ-ται (he, she, it) shall be	ἔ-σ-ο-νται (they) shall be

εἰμί の未来は中動態未来の形をとる。

§77 練習問題 (17) 次の5つの文を日本語に訳しましょう。 （練習問題の解答は巻末）

(1) ἐγώ εἰμι ἡ ἄμπελος ἡ ἀληθινή. (ヨハネ 15:1)

(2) ὁ λόγος ἦν πρὸς τὸν θεόν. (ヨハネ 1:1)

(3) κλέπτης ἦν. (ヨハネ 12:6)

(4) οὗτος ἔσται μέγας. (ルカ 1:32)

(5) ἔσεσθέ μου μάρτυρες. (使徒 1:8)

ἄμπελος, ἡ ぶどうの木	ἀληθινή （女単主＜ ἀληθινός まことの）
πρός ＋対〜のもとに（〜と対面して）	κλέπτης, ὁ 盗人
μέγας （男単主）大きい	μάρτυρες （男複主＜ μάρτυς, ὁ 証人）
ἔσεσθε （2複未＜ εἰμί 私は〜である）	

問題5の ἔσεσθέ の最後のアクセントについては §110 後接詞を参照。

ἐγώ εἰμι ἡ ἄμπελος ἡ ἀληθινή.

第22課

不定過去

《 聖書の句 》

ἐβαπτίσθημεν εἰς Χριστὸν Ἰησοῦν.

エバプ**ティ**スゼーメン　　　エィス　　　くリーストン　　　イェー**ス**〜ン

わたしたちはキリスト・イエスにあずかるためにバプテスマされた。(ローマ 6:3)

§78　不定過去 (アオリスト)

　不定過去 (アオリスト) は過去のある時に、あることが起こったとか、ある動作が行なわれたという事実そのものを表す。これはギリシア語独特の時制である。すでに学んだ未完了過去とこの課の不定過去との相違を比較してみる。

　[未完了過去] 「その祭りには、ピラトは人々の願う囚人をひとりだけゆるすことにしていた (ἀπέλυεν[アぺりゅーエン]<ἀπο-λύω ゆるす)」(マルコ 15:6)。

　[不定過去] 「そこでピラトは彼らのためにバラバを釈放した (ἀπέλυσεν[アぺりゅーセン]<ἀπο-λύω ゆるす)」(マタイ 27:26)。

　前者は冒頭で、「(祭りのたびごとに) 赦すことにしていた」のに対し、後者はただ単に「(その時) 赦した」の意味である。

　さらに不定過去には加音 (ἐ) ＋動詞幹に -σα- がつくものと未完了過去の語尾が付くものとがある。前者を第一不定過去といい、後者を第二不定過去という。不定過去の内容は同じである。

§79　λύω の第一不定過去能動の活用

[人称]	[単数]	[複数]
1 人称	ἔ-λυ-σα (私は) 解いた [エりゅーサ]	ἐ-λύ-σα-μεν (私たちは) 解いた
2 人称	ἔ-λυ-σα-ς (あなたは) 解いた	ἐ-λύ-σα-τε (あなたがたは) 解いた
3 人称	ἔ-λυ-σε(ν) (彼 [女] は) 解いた	ἔ-λυ-σα-ν (彼らは) 解いた

1.　未完了過去と同じように過去のしるしの加音 (ἐ) がつく。

2.　不定過去の特徴は σα である。ただし三人称単数は σε。

3.　σα のつけ方は未完了過去の語幹の次の文字をとって、そのところに σα を入れる。

　　未完了過去二人称単数　　ἔ-λυ-ε-ς

　　不定過去二人称単数　　ἔ-λυ-σα-ς

　　ただし、一人称単数の語尾の ν は落ちる。

4.　-σα- をつけるときの文字の変化は §67 の 1. と 2. を見よ。

5.　**ὁ δὲ Πιλᾶτος ἀπέλυσεν αὐτοῖς τὸν Βαραββᾶν.**

　　[訳] そこでピラトは彼らのためにバラバをゆるしてやった。(マルコ 15:15)

　　　Πιλᾶτος [ピーらートㇲ] ピラト

§80　第二不定過去能動：βάλλω(投げる) の活用

[人称]	[単数]	[複数]
1 人称	ἔ-βαλ-ον (私は) 投げた	ἐ-βάλ-ο-μεν （私たちは）投げた
2 人称	ἔ-βαλ-ε-ς (あなたは) 投げた	ἐ-βάλ-ε-τε (あなたがたは)投げた
3 人称	ἔ-βαλ-ε(ν) (彼[女]は) 投げた	ἔ-βαλ-ον (彼らは) 投げた

（比較）　第二不定過去　ἐ＋（動詞幹）＋ o-ν → ἔ-βαλ-ο-ν

未完了過去　ἐ＋（現在語幹）＋ o-ν → ἔ-βαλλ-ο-ν

1. 最も多く用いられる第二不定過去の例

[現在]	[動詞幹]	[第二不定過去]
ἄγω (私は) 導く	ἀγαγ-	ἤγαγον (私は) 導いた
ἁμαρτάνω 罪を犯す	ἁμαρτ-	ἥμαρτον 罪を犯した
ἀποθνήσκω 死ぬ	θαν-	ἀπέθανον 死んだ
εὑρίσκω 見いだす	εὑρ-	εὗρον 見いだした
ἔρχομαι 来る	ἐλθ-	ἦλθον 来た
γίνομαι 成る [ギーノマィ]	γεν-	ἐγενόμην 成った
γινώσκω 知る	γνω-, γνο-	ἔγνων 知った
λαμβάνω 取る	λαβ-	ἔλαβον 取った
μανθάνω 学ぶ	μαθ-	ἔμαθον 学んだ
καταλείπω 捨てる	λιπ-	κατέλιπον 捨てた
πίνω 飲む [ピーノー]	πι-	ἔπιον 飲んだ
πίπτω 落ちる [ピーットー]	πετ-	ἔπεσον 落ちた
τίκτω 生む	τεκ-	ἔτεκον 生んだ
φεύγω 逃げる	φυγ-	ἔφυγον 逃げた

2. ［用例］第二不定過去

Χριστὸς ὑπὲρ ἡμῶν ἀπέθανεν.　［訳］キリストはわたしたちに代わって死んだ。(ローマ 5:8)

3. 次の動詞の第二不定過去は新約聖書に多く用いられているが、それらに相当する現在形がない。したがって便宜上、意味の上で現在形をあてる。

[現在]	[動詞幹]	[第二不定過去]
ὁράω (私は) 見る	ἰδ-	εἶδον (私は) 見た
ἔχω 持つ	σεχ-	ἔσχον 持った
ἐσθίω 食べる	φαγ-	ἔφαγον 食べた
λέγω 言う	ἐπ-	εἶπον 言った
πάσχω 苦しむ	παθ-	ἔπαθον 苦しんだ
φέρω 運ぶ、負う	ἐνεγκ-	ἤνεγκον 運んだ、負うた

§81　λύω の第一不定過去受動の活用

[人称]	[単数]	[複数]
1人称	ἐ-λύ-θη-ν（私は）解かれた [エりゅせーン]	ἐ-λύ-θη-μεν（私たちは）解かれた
2人称	ἐ-λύ-θη-ς（あなたは）解かれた	ἐ-λύ-θη-τε（あなたがたは）解かれた
3人称	ἐ-λύ-θη（彼[女]は）解かれた	ἐ-λύ-θη-σαν（彼らは）解かれた

1. 第一不定過去受動と未来受動の共通性は、語幹＋θη である。

2. 不規則形の第一不定過去受動

(1) βάλλω（投げる）→ ἐβλήθην

(2) γινώσκω［ギーノ－ｽコー］（知る）→ ἐγνώσθην

(3) σῴζω（救う）→ ἐσώθην

§82　第二不定過去受動

γράφω の第二不定過去受動は ἐ-γρά-φ-η-ν である。第一不定過去受動との違いは θ がないことである。

§83　中動態の第一不定過去

ἐ-λυ-σά-μην［エりゅーサメーン］（< λύω ）

[訳]（自分のために解いた）などがある。

§84　[用例]

1. εὐθὺς ἐλύθη ὁ δεσμὸς τῆς γλώσσης αὐτοῦ.

[訳] すぐに彼の舌のもつれが解けた（<解かれた）。（マルコ 7:35）

ἐλύθη 解けた（受－過直3単< λύω ）　δεσμός, ὁ もつれ（< δέω しばる）

γλώσσης（女単属< γλῶσσα, ἡ 舌）

[注]γλῶσσα が -ης になったので、前の ῶ が ώ になる。これは ὁ δοῦλος（しもべ）が δούλου になるのと同じ。語尾が短音（ος オｽ）から長音（ου ウー）になったので、δοῦ がより強いアクセント記号 δού になったのである。

2. ἐβαπτίσθημεν εἰς Χριστὸν Ἰησοῦν.

[訳] わたしたちはキリスト・イエスにあずかるためにバプテスマされた。

（ローマ 6:3）（第一不定過去受動）

3. δι' ἡμᾶς γὰρ ἐγράφη.　　δι' = διά ＋対 ～のために

[訳]それはわたくしたちのために書かれたからである。

（Ⅰコリント 9:10）（第二不定過去受動）

§85　練習問題 (18)　次の５つの文を日本語に訳しましょう。　（練習問題の解答は巻末）

(1) ἐπίστευσαν εἰς τὸν Χριστόν.

(2) ὁ βασιλεὺς ἀπέλυσεν αὐτοῖς τὸν δοῦλον.

(3) ὁ Χριστὸς ἔπαθεν ὑπὲρ ὑμῶν.

(4) οἱ δοῦλοι ἐλύθησαν ὑπὸ τοῦ κυρίου.

(5) ἐβαπτίσθητε ὑπὸ τοῦ ἀποστόλου.

ἐπίστευσαν (3複一過< πιστεύω 　信じる)

ἀπέλυσεν (3単一過< ἀπολύω 　解放する)

ὑπέρ (＋属) ～に代って

ἐλύθησαν (3複一過受< λύω 　解放する)

ἐβαπτίσθητε (2複一過受< βαπτίζω 　バプテスマする)

βασιλεύς, ὁ 　王

ἔπαθεν (3単二過< πάσχω 　苦しむ)

ὑμῶν [ヒゅーモ～ン](2複属< ὑμεῖς あなたがたは)

A　学習メモ19　Ω

フォト

　よく「フォト」ということばを見かける。これは英語の photograph（写真）からきている。この単語の photo- はギリシア語の φῶς（光）からきており、graph はギリシア語の γράφω [掻ききずをつける→描く]（書く）からきている。写真とは「光で描かれたもの」というわけである。

ἐβαπτίσθημεν εἰς Χριστὸν Ἰησοῦν.

現在完了・過去完了

《 聖書の句 》

ἡ οἰκία οὐκ ἔπεσεν· τεθεμελίωτο γὰρ ἐπὶ τὴν πέτραν.

ヘー　オィ**キ**ア　ウーㇰ　　**エ**ペセン　　　　テセメり**オ**ート　　　　**ガ**ㇽ　エピ　テーン　　**ペ**トラン

その家は倒れなかった。なぜならそれは岩の上に建てられていたからです。([参考]マタイ 7:25)

---

§86　現在完了能動 (Present Perfect Active)

現在完了は、ある動作がすでに完了していて、その結果としての現在の状態を述べるものである。

§87　λύω の現在完了の活用

[人称]	[単数]	[複数]
1 人称	λέ-λυ-κα (私は) 解いてしまっている [れりゅカ]	λε-λύ-κα-μεν (私たちは) 解いてしまっている
2 人称	λέ-λυ-κας (あなたは) 解いてしまっている	λε-λύ-κα-τε (あなたがたは) 解いてしまっている
3 人称	λέ-λυ-κε(ν) (彼[女]は) 解いてしまっている	λε-λύ-κα-σι(ν) (彼らは) 解いてしまっている

1. 動詞の語頭の子音字が加音 (ε) の前につく。

    λέ-λυ-κα.　　私は解いてしまっている。

2. 現在完了の特徴は -κα である。ただし三人称単数は -κε(ν)。

    νικάω [ニーカオー]「勝つ」→ νε-νίκη-κα

    λαλέω「語る」→ λε-λάλη-κα

    τελειόω「全うする」→ τε-τελείω-κα

3. 母音または二重母音で始まる動詞では 2.のように子音の重複がなく、加音だけである。そして母音で始まる動詞の最初の短母音は長母音になる。

    ἀγαπάω「愛する」→ ἠγάπη-κα

    ἁμαρτάνω「罪を犯す」→ ἡμάρτη-κα

    αἰτέω「求める」→ ᾔτη-κα

4. 2つの子音または重子音 (ζ, ξ, ψ) で始まる語は加音だけをとる。

    σταυρόω「十字架につける」→ ἐ-σταύρω-κα

    ψάλλω「歌う」→ ἔ-ψαλ-κα

    ただし、黙音子音と流音子音とからなるばあいは、1.のばあいと同じ。

    πληρόω「満たす」→ πε-πλήρω-κα

5. φ, χ, θ で始まる動詞では、φε, χε, θε の代りに πε, κε, τε がつく。

    φιλέω「愛する」→ πε-φίλη-κα

6. 現在完了の形には不規則なものがある。

    γινώσκω「知っている」→ ἔ-γνω-κα

    ὁράω「見る」→ ἑ-ώρα-κα [ヘオーラーカ]

    εὑρίσκω「見つける」→ εὑρη-κα

7. 動詞には -κα でなく、-α で終わるものがある。

    ἀκούω「聞く」→ ἀκήκο-α　　　　γράφω「書く」→ γέ-γραφ-α

§88　οἶδα(私は知っている)の活用

[人称]	[単数]	[複数]
1人称	οἶδ-α (私は)知っている	οἴδ-α-μεν (私たちは)知っている
2人称	οἶδ-α-ς (あなたは)知っている	οἴδ-α-τε (あなたがたは)知っている
3人称	οἶδ-ε(ν) (彼[女]は)知っている	οἴδ-α-σι (彼らは)知っている

この活用は ἀκούω の現在完了形 ἀκήκοα と同じ語尾変化である。

§89　現在完了受動態の活用

[人称]	[単数]	[複数]
1人称	λέ-λυ-μαι (私は)解かれてしまっている [れりゅマィ]	λε-λύ-μεθα (私たちは)解かれてしまっている
2人称	λέ-λυ-σαι (あなたは)解かれてしまっている	λέ-λυ-σθε (あなたがたは)解かれてしまっている
3人称	λέ-λυ-ται (彼[女]は)解かれてしまっている	λέ-λυ-νται (彼らは)解かれてしまっている

1.　現在完了能動態と同じように、子音の重複がある。その規則は §87 を見よ。

2.　語幹が短母音 (α, ε, ο) で終わるばあいは、語尾の前で長くされる。

γεννάω 「(父が子を)もうける」→ γε-γέννη-μαι

τελειόω 「完成する」→ τε-τελείω-μαι

3.　不規則な例

γράφω 「書く」→ γέ-γραμ-μαι (参照、[現完受3単]、γέγραπται)

ἐγείρω 「復活させる」→ ἐγήγερ-μαι

κρίνω 「裁く」→ κέ-κρι-μαι

§90　λύω の過去完了の活用

[人称]	[単数]	[複数]
1人称	(ἐ)-λε-λύ-κειν (私は)解いてしまっていた [エれりゅケィン]	(ἐ)-λε-λύ-κειμεν (私たちは)解いてしまっていた
2人称	(ἐ)-λε-λύ-κεις (あなたは)解いてしまっていた	(ἐ)-λε-λύ-κειτε (あなたがたは)解いてしまっていた
3人称	(ἐ)-λε-λύ-κει (彼[女]は)解いてしまっていた	(ἐ)-λε-λύ-κεισαν (彼らは)解いてしまっていた

1.　最初の加音 ἐ- が省略されることがある。

2.　過去完了の語尾はすべて κει を含む。

§91　λύω の過去完了受動の活用

[人称]	[単数]	[複数]
1人称	(ἐ)-λε-λύ-μην （私は）解かれてしまっていた [（エ）れりゅメーン]	(ἐ)-λε-λύ-μεθα （私たちは）解かれてしまっていた
2人称	(ἐ)-λέ-λυ-σο （あなたは）解かれてしまっていた	(ἐ)-λέ-λυ-σθε （あなたがたは）解かれてしまっていた
3人称	(ἐ)-λέ-λυ-το （彼[女]は）解かれてしまっていた	(ἐ)-λέ-λυ-ντο （彼らは）解かれてしまっていた

過去完了は語頭に ἐ- をとるが、新約聖書では一般に ἐ- を省く。

§92　現在完了と過去完了との比較

　能動態も受動態も時制そのものは同じである。ὁ δοῦλος λέλυται. とあれ
ば、動詞の時制は現在完了受動であるから、そのどれいは、解放されてしまって、
現在は自由の身である。その λέλυται を過去完了 λέλυτο に変えれば、過去
のある時点で、そのどれいはその前にすでに解放されていたことになる。

§93　練習問題 (19)　次の5つの文を日本語に訳しましょう。　（練習問題の解答は巻末）

(1) ἐγὼ πεπίστευκα ὅτι σὺ εἶ ὁ χριστὸς ὁ υἱὸς τοῦ θεοῦ.

(2) ὁ δοῦλος λέλυται ὑπὸ τοῦ ἀποστόλου.

(3) ὁ Παῦλος καὶ ὁ Βαρνάβας παρέθεντο αὐτοὺς τῷ κυρίῳ εἰς ὃν πεπιστεύκεισαν. [参照] 使徒 14:23

(4) οἱ δοῦλοι λέλυντο ὑπὸ τοῦ κυρίου.

(5) ἡ οἰκία οὐκ ἔπεσεν· τεθεμελίωτο γάρ ἐπὶ τὴν πέτραν. [参照] マタイ 7:25

πεπίστευκα （1単完＜ πιστεύω 信じる）　　λέλυται（3単完受＜ λύω 解放する）

παρέθεντο （中3複二過＜ παρατίθημι ゆだねる）　　πεπιστεύκεισαν（3複過完＜ πιστεύω 信じる）

λέλυντο （3複過完受＜ λύω 解放する）　　οἰκία [オィキアー], ἡ　家

ἔπεσεν （3単二過＜ πίπτω 倒壊する）　　γάρ [接続詞] なぜなら～であるから

τεθεμελίωτο （3単過完受＜ θεμελιόω, -ῶ ～をすえる）([参考]～は[岩の土台の上にすでに] すえられていた)

ἡ οἰκία οὐκ ἔπεσεν· τεθεμελίωτο γάρ ἐπὶ τὴν πέτραν.

§94 時制の比較

1. 今までに学んだ直説法の時制を互いに比較してみる。

(1) 現在

$\delta\iota\delta\acute{a}\sigma\kappa\omega$. に例をとれば、教師として習慣的に「私は教える」という意味と、いまこの子に「私は教えている」という現在進行形の意味がある。また $\dot{a}\gamma\acute{a}\pi\eta$ $\mu\acute{\epsilon}\nu\epsilon\iota$. (「愛はいつまでも存続する」[参] Ⅰコリント 13:13) のような一般的真理を表す。

(2) 未完了過去

$\dot{\epsilon}\pi\alpha\acute{\iota}\delta\epsilon\upsilon\sigma\nu$. は「私は教育していた」、「私は教育しようとしていた」、および「私は教育することを常としていた」を意味する。単に「……した」とは意味が異なる。

[注] $\pi\alpha\iota\delta\epsilon\acute{\upsilon}\omega$ は、ここでは「訓練する」の意 ([参] 黙示 3:19)。

(3) 不定過去、別名アオリスト (**Aorist**)

$\dot{\epsilon}\pi\alpha\acute{\iota}\delta\epsilon\upsilon\sigma\alpha$ は「私は教育した」を意味し、単にその行為の行われた事実のみを述べる。

(4) 現在完了

$\pi\epsilon\pi\alpha\acute{\iota}\delta\epsilon\upsilon\kappa\alpha$ は「私は教育してしまっている」を意味し、ある動作が過去において完了して、その結果が現在存続していることを述べる。

(5) 過去完了

$(\dot{\epsilon})\pi\epsilon\pi\alpha\iota\delta\epsilon\acute{\upsilon}\kappa\epsilon\iota\nu$ は「私は (すでに) 教育してしまっていた」を意味する。過去完了は現在完了を過去に移したものと考えればよい。過去のある時点より前に「私はすでに教育してしまっていた」という意味。

(6) 未来

$\pi\alpha\iota\delta\epsilon\acute{\upsilon}\sigma\omega$ は「私は教育するであろう」を意味し、原則として将来における瞬間的動作を述べる。

[注意]

直説法 (**Indicative**) とは、接続法などに対するもので、あることを事実として述べる方法である。今まで学んできた動詞はすべて、直説法である。本書では動詞の説明で法が明記されていないものは直接法である。

2. 未完了過去、不定過去、現在完了、過去完了の意味の相違を表示すると次のようになる。

(1) 未完了過去…彼は (その時) 戸を締めていた。

(2) 不定過去…彼は戸を締めた (その後開いたかどうかは問う所でない)。

(3) 現在完了……彼は戸を締め終わっている (したがって、今、戸は締まっている)。

(4) 過去完了……彼は戸を締め終わっていた (したがって、その時、戸は締まっていた)。

　未完了過去は過去の行為を継続、また反復 (習慣) の面において見るものである。これに対して不定過去 (アオリスト) は行為 (または状態) を瞬間的あるいは一回的に見るものである。

　現在完了は過去に行なわれた結果が、現在残っていることを示し、それは時の標準を現在に置き、現在のことを述べる。これに対し過去完了は時の標準を過去のある時点に置き、その時より以前の出来事と、その結果を述べる。

　たとえば「失う」を現在完了と過去完了とで表現すれば次のようになる。

　現在完了……私は時計を失ってしまっている (今それは行方不明である)。

　過去完了……私は時計を失ってしまっていた (その時それは行方不明であった)。

第24課　中動態

$$\text{αὐτὸς λούεται τὸν ἵππον.}$$

アゥトス　　　るーエタィ　　　トン　　　ヒップポン

彼は自分のためにその馬を洗う。

§95　中動態 (Middle Voice)

　今まで学んだ動詞は、主語が他に働きかける能動態と、主語が他から働きかけられる受動態であった。さらにこれら2つの態 (**Voice**) の中間にあり、主語がそれ自身に働きかけるか、主語に関係ある物に働きかけるか、または自分の利益のために他に働きかけるものがある。これを中動態 (**Middle Voice**) という。現在時制の中動態と受動態とは活用形は同じである。

§96　λύω の中・受動態現在の活用

[人称]	[単数]		[複数]	
1 人称	λύ-ο-μαι	(私は) 自分のために解く [りゅーオマィ]	λυ-ό-μεθα	(私たちは) 自分のために解く
2 人称	λύ-η(ει)	(あなたは) 自分のために解く	λύ-ε-σθε	(あなたがたは) 自分のために解く
3 人称	λύ-ε-ται	(彼 [女] は) 自分のために解く	λύ-ο-νται	(彼らは) 自分のために解く

　中動態と受動態とが形が同じなのは、現在のほかは未完了過去・現在完了・過去完了であり、両者の形がちがうのは未来と不定過去だけである。

[3 つの態の比較]	
能動	λούω αὐτόν.　　私は彼の全身を洗う。
受動	λούομαι ὑπ᾽ αὐτοῦ.　　私は全身が彼によって洗われる。
中動	λούομαι.　　私は自分のからだを洗う。 νίπτομαι τοὺς πόδας.　　私は自分の足 (複数) を洗う。 ἀγοράζομαι τοῦτο.　　私は自分のためにこれを買う。 αὐτὸς λούεται τὸν ἵππον.　　彼は自分のためにその馬を洗う。

 αὐτὸς λούεται τὸν ἵππον.

§97 λύω の中動態未来の活用

[人称]	[単数]	[複数]
1人称	λύ-σ-ο-μαι 私は自分自身のために解くであろう	λυ-σ-ό-μεθα 私たちは自分自身のために解くであろう
2人称	λύ-σ-η (λύ-σ-ει) あなたは自分自身のために解くであろう	λύ-σ-ε-σθε あなたがたは自分自身のために解くであろう
3人称	λύ-σ-ε-ται (彼[女])は自分自身のために解くであろう	λύ-σ-ο-νται 彼らは自分自身のために解くであろう

これは未来受動の活用から θη を除いたものである。

§98 λύω の中動態第一不定過去の活用

[人称]	[単数]	[複数]
1人称	ἐ-λυ-σά-μην 私は自分自身のために解いた	ἐ-λυ-σά-μεθα 私たちは自分自身のために解いた
2人称	ἐ-λύ-σ-ω あなたは自分自身のために解いた	ἐ-λύ-σα-σθε あなたがたは自分自身のために解いた
3人称	ἐ-λύ-σα-το (彼[女])は自分自身のために解いた	ἐ-λύ-σα-ντο 彼らは自分自身のために解いた

これは能動態第一不定過去のばあいと同じように、σα がついている。人称語尾は二人称単数の形を除けば、受(中)動態未完了過去と同じである。

§99 練習問題 (20)　次の5つの文を日本語に訳しましょう。

（練習問題の解答は巻末）

⑴ νίπτομαι τοὺς πόδας.

⑵ οὐ γὰρ νίπτονται τὰς χεῖρας. (マタイ 15:2)

⑶ αὐτὸς λούσεται τὸν ἵππον.

⑷ ἐλύσατο τὸ ὑπόδημα.

⑸ ἀγορασόμεθα ἄρτους.

νίπτομαι (私は) 自分のために (足を) 洗う (1単現中< νίπτω 洗う)

πόδας (男複対< πούς, ὁ 足)

νίπτονται (彼らは) 自分のために (手を) 洗う (3複現中< νίπτω 洗う)

χεῖρας (女複対< χείρ, ἡ 手)

λούσεται (彼は) 自分のために (〜を) 洗うであろう (3単未中< λούω 洗う)

ἐλύσατο (彼は) 自分のために (〜を) 脱いだ (3単一過中< λύω 脱ぐ)

ὑπόδημα (中単対< ὑπόδημα, τό サンダル [主格対格同形])

ἀγορασόμεθα (私たちは) 自分たちのために (〜を) 買うであろう (1複未中< ἀγοράζομαι 買う)

[注] (3) の馬にしても (4) のサンダルにしても必ずしも自分の所有とはかぎらない。ただ自分のためにすることなのである。

第25課 能動形欠如動詞

《 聖書の句 》

ἐγὼ πρὸς τὸν πατέρα πορεύομαι.

エゴー　　プロス　　トン　　　パテラ　　　ポレゥーオマィ

わたしは父のもとに行く。（ヨハネ 14:12）

§100　能動形欠如動詞 (Deponent Verb)

NOTES

以下は、1単現中動態か受動態の形をしているが、能動態の意味の動詞である。

ἔρχομαι 　来る（二過 ἦλθον ）

γεύομαι 　味わう（二過 ἐγευσάμην ）

γίνομαι 　生じる [ギーノマィ]（二過 ἐγενόμην ）

δέχομαι 　受け入れる（一過 ἐδεξάμην ）

εὐαγγελίζομαι 　福音を告げる（中一過 εὐηγγελισάμην ）

εὔχομαι 　　祈る（一過 εὐξαίμην ）

προσεύχομαι 祈る（一過1単 προσηυξάμην [プロセーゆッ**サ**メーン]

[例文]

1. ὑπάγω καὶ ἔρχομαι πρὸς ὑμᾶς.

[訳] わたしは去って行くが、またあなたがたのところにもどって来る。（ヨハネ 14:28）

2. γεύομαι ἐγὼ τὸ ὕδωρ.

[訳] 　私はその水を味わう。

3. αὐτὸς ἐμὲ δέχεται.

[訳] 　彼はわたしを受け入れる。

4. ὁ Φίλιππος εὐαγγελίσατο αὐτῷ τὸν Ἰησοῦν.

[訳] 　ピリポは彼にイエスを宣べ伝えた。([参考] 使徒 8:35)

5. πάντοτε περὶ ὑμῶν προσεύχομαι.

[訳] 　わたしはいつもあなたがたのために祈っている。([参考] コロサイ 1:3)

ἐγὼ πρὸς τὸν πατέρα πορεύομαι.

§101 ἔρχομαι(来る) の現在の活用

[人称]	[単数]	[複数]
1 人称	ἔρχομαι	ἐρχόμεθα
2 人称	ἔρχῃ	ἔρχεσθε
3 人称	ἔρχεται	ἔρχονται

§102 練習問題 (21) 次の 6 つの文を日本語に訳しましょう。 （練習問題の解答は巻末）

(1) ἔρχεται νύξ. (ヨハネ 9:4)

(2) αὐτὸς ἐγεύσατο τὸ ὕδωρ.

(3) ὁ Παῦλος εὐαγγελίσατο αὐτῷ τὸν Χριστόν.

(4) πάντα δι᾽ αὐτοῦ ἐγένετο. (ヨハネ 1:3)

(5) ἐγὼ πρὸς τὸν πατέρα πορεύομαι. (ヨハネ 14:12)

(6) σεισμὸς μέγας ἐγένετο ἐν τῇ θαλάσσῃ. (マタイ 8:24)

ἔρχεται (3 単現< ἔρχομαι ［わたしは］来る)

νύξ, ἡ 夜

ἐγεύσατο (3 単一過< γεύομαι 味わう)

ὕδωρ, τὸ 水

εὐαγγελίσατο (3 単一過< εὐαγγελίζομαι 福音を宣べ伝える)

πάντα (中複主< πᾶς すべて)

ἐγένετο (3 単二過< γίνομαι 生じる)

πρός ＋対 〜の所へ

πατέρα (男単対< πατήρ, ὁ 父)

σεισμός, ὁ 暴風

μέγας ［形］ 強烈な

θαλάσσῃ (女単与< θάλασσα, ἡ 海、湖)

音節とアクセント

$$\text{ὁ γεωργός ἐστιν ἀγαθὸς ἄνθρωπος.}$$

ホ　　ゲオールゴス　　エスティン　　アガそス　　　アンすローポス

その農夫は善良な人である。

§103　音節

音節とは、母音または二重母音からなる1つの音のまとまりで、子音を伴うときと子音を伴わないときがある。ἀ-λή-θει-α(真理)は4つの音節からなっている。

§104　音節の名称

最後の音節は尾音節 (**Ultima**)、その前のものを次音節 (**Penult**)、さらにその前のものを前次音節 (**Antepenult**) という。

§105　アクセントの一般規則

1. ギリシア語では、語末の3音節以外にはアクセントがつかない。

2. 鋭アクセント記号が前次音節にあるときは、尾音節の母音が短いときに限る。ἄνθρωπος.

3. 曲アクセント記号(〜)は長音節にのみつき、次音節と尾音節のいずれかにつく。δοῦλος(奴隷)、ἀδελφοῦ(兄弟の)。

　　しかも次音節につくときは、尾音節の母音が短いときに限る。δοῦλος.

4. 平アクセント記号(ˋ)は、最後の音節の上にのみつく。これは尾音節に鋭アクセントをもつ語が、句読点で切られずにほかの語によって後続されるとき、その鋭アクセントが平アクセントに変わるのである。κύριος καὶ δοῦλος. これは、本来なら鋭アクセントがある語が無アクセントになることを意味する。それは καί が καὶ になることである。

5. αι, οι はアクセントの位置を決定するときに限り、短母音と見なされる。

6. ギリシア語のアクセントの位置は、尾音節の長短によって決まる。

§106　動詞のアクセントの規則

動詞のアクセントはもとの位置から後退的 (**recessive**) である。すなわち、動詞のアクセントは、アクセント規則が許す限り、語末から遠ざかろうとする。

　　λαμ-βά-νω(私は取る)、ἐ-λάμ-βα-νον(私は取っていた)

　　鋭アクセントの位置は尾音節の長短によって決まる。

<table>
<tr><td></td><td>前次音節</td><td>次音節</td><td>尾音節</td></tr>
<tr><td rowspan="2">A</td><td rowspan="2"></td><td rowspan="2">´</td><td>長母音</td></tr>
<tr><td>二重母音</td></tr>
<tr><td>B</td><td>´</td><td></td><td>短母音</td></tr>
</table>

[実例] ⇒

<table>
<tr><td></td><td>前次音節</td><td>次音節</td><td>尾音節</td></tr>
<tr><td rowspan="3">A</td><td></td><td>λέ</td><td>-γω</td></tr>
<tr><td>ἀ</td><td>-κού</td><td>-ω</td></tr>
<tr><td>ἀ</td><td>-κού</td><td>-εις</td></tr>
<tr><td rowspan="2">B</td><td>λέ</td><td>-γο</td><td>-μεν</td></tr>
<tr><td>ἀ</td><td>-κού</td><td>-ε</td><td>-τε</td></tr>
</table>

NOTES

§107 名詞のアクセント規則

1. 名詞のアクセントは、できる限り単数主格の位置を保つ。

2. アクセントの位置は、尾音節の長短によって決まる。

	前次音節	次音節	尾音節
A 尾音節が短母音	´ ἄνθρωπος	῀ , ´ δῆμος, λόγος δοῦλος	´ ἀδελφός
B 尾音節が長母音 または 二重母音	なし	´ αὕτη δούλου λόγου	῀ , ´ αὐτῶν ἀδελφοῦ ἐντολή

3. ἄνθρωπος のように前次音節に鋭アクセントのある名詞の格変化で尾音節が長くなるときは、アクセントは次音節に移る。

     ἄνθρωπος → ἀνθρώπου

4. ἀδελφός のように尾音節に鋭アクセントがある語の属格と与格では、鋭アクセントは曲アクセントに変わる。

     ἀδελφός → ἀδελφοῦ および ἀδελφῷ

5. δοῦλος のように次音節に曲アクセントがある語では、尾音節が長くなるとき、曲アクセントが鋭アクセントに変わる。

     δοῦλος → δούλου

6. βούλομαι (望む) も ἄνθρωποι も δοῦλοι も尾音節が二重母音であるが、αι, οι はアクセントの位置決定には短母音と見なされるので、アクセントの位置は変らない。

§108 練習問題 (22)　次の５つの文を日本語に訳しましょう。（練習問題の解答は巻末）

(1) ὁ δῆμος ἐπιφωνεῖ.

(2) ὁ γεωργός ἐστιν ἀγαθὸς ἄνθρωπος.

(3) ὁ ἀδελφός σου λαμβάνει ἄρτον.

(4) οἱ δοῦλοι λέγουσι μοι ἀλήθειαν.

(5) ὁ πατήρ μου ποιεῖ αὐτὸν διδάσκαλον.

δῆμος, ὁ　群衆 (何らかの目的で集まった)

ἐπιφωνεῖ (3単現< ἐπιφωνέω　叫ぶ)

λαμβάνει (3単現< λαμβάνω [手に] 取る)

ἄρτον (男単対< ἄρτος, ὁ　パン)

ποιεῖ (3単現< ποιέω　誰々を～にする)

διδάσκαλον (3単対< διδάσκαλος, ὁ 教師)

ὁ γεωργός ἐστιν ἀγαθὸς ἄνθρωπος.

第27課　前接詞と後接詞

$$\text{ὁ θεὸς ἔστιν.}$$

ホ　　　セオ₍ス₎　　　エスティ₍ン₎

神は存在する。

§109　前接詞 (Proclitic)

これは、自らのアクセントをもたない単音節の語で、後続の語の一部のように軽く発音される。単語としては次のようなものがある。

1. ὁ, ἡ, οἱ, αἱ（冠詞）

2. εἰς, ἐν, ἐκ（前置詞）

3. εἰ, ὡς（接続詞）

4. οὐ (οὐκ, οὐχ)（否定詞）

　　例　ὁ‿κόσμος「宇宙」、ἐν‿οἴκῳ「家の中で」

5. [特例] 次のばあいには前接詞にアクセントがつく。

(1)　よりかかる語がないとき、πῶς γὰρ οὔ;「どうしてそうではないか」

(2)　次に後接詞（参照 §110）が来るとき、アクセントがつく。

　　εἴ τις「もしだれかが……」　ἔν τινι πόλει「ある町に」

§110　後接詞 (Enclitic)

これは、先行の語の一部のように軽く発音され、自らのアクセントを先行の語にゆずる単音節あるいは二音節の語で、次のようなものがある。

1. μοῦ, μοί, μέ, σοῦ, σοί, σέ（人称代名詞）　例　οἰκός μου（私の家）

2. τὶς, τὶ（不定代名詞）

3. εἰμί と φημί（言う）の直説法現在で、二人称単数 εἶ, φῆς を除いたすべての形。

§111　後接詞の用例

　後接詞は先行する語に結びついて発音され、自らのアクセントを失うのが一般的であるが、先行する語との関連で、いろいろなばあいがある。次にそれを用例で示す。

(1)	ἄνθρωπός τις	ある人
(2)	ἄνθρωποί τινες	ある人々
(3)	δῶρόν τι	ある贈り物
(4)	δῶρόν ἐστι (ν)	(それは)贈り物である
(5)	ὁδός τις	ある道
(6)	ὁδός ἐστι (ν)	(それは)道である
(7)	υἱῶν τις	息子たちの中のある息子
(8)	υἱῶν ἐστι (ν)	(それは)息子たちのものである
(9)	λόγος τις	あることば
(10)	λόγοι τινές	あることば(複数)
(11)	λόγων τινῶν	あることばの(複数属格)

　1.　(1)から(4)までは、後接詞からアクセントを得て、1語に2つのアクセントがあるばあい。

　2.　(5)(6)は、本来ならば平アクセントに変わるべきところを、後接詞が続くために、鋭アクセントをそのまま保つばあい。

　3.　(7)(8)(9)は、後接詞がアクセントを失うのみで、先行する語にはなんら変化がないばあい。

　4.　(10)(11)は、先行する語が次音節に鋭アクセントをもち、しかも後接詞が2音節であるばあいに限り、後接詞はそのアクセントをそのまま保つばあい。

§112　後接詞は次のばあいにアクセントをとる。

　1.　強調されるばあい。

　　γινώσκουσιν σέ.　彼らは(ほかの人ではなく)お前を知っている。

　　σὺν σοί.　あなたとともに。

　2.　ほかの後接詞の前にあるばあい。

　　εἴ τίς μοί φησί ποτε.　他日だれかが私に言うばあいには。

　　εἴ τίς ἐστιν...,　だれでも … であるならば、(テトス 1:6)

　　εἰ は前節詞であるが、次に後接詞がくるとアクセントがつく。

　3.　εἰμί の三人称単数形 ἐστί は次の3つのばあいに ἔστιν となる。

(1) 文頭にあるばあい

　ἔστιν ἀγαθὸς ὁ δοῦλος.　その奴隷は善良である。

(2) 存在を意味するばあい

　ὁ θεὸς ἔστιν.　神は存在する。

(3)οὐκ, εἰ, ὡς, καί, μή　などの後に来るばあい

　οὐκ ἔστιν καλόν.　それはよくない。

（練習問題の解答は巻末）

§113　練習問題 (23)　次の 7 つの問いのアクセントが正しくついている文の記号を選びましょう。

(1)　イ ὁ θεὸς φῶς ἐστιν.　　　ロ ὁ θεὸς φῶς ἐστίν.

(2)　イ ὁ θεὸς φίλος ἐστιν.　　ロ ὁ θεὸς φίλος ἐστίν.

(3)　イ ὁ θεὸς δίκαιος ἐστίν.　ロ ὁ θεὸς δίκαιός ἐστιν.

(4)　イ ἐγώ εἰμι ὁ κύριος.　　　ロ ἐγὼ εἰμι ὁ κύριος.

(5)　イ οὗτός ἐστιν ὁ νόμος.　ロ οὗτος ἐστίν ὁ νόμος.

(6)　イ ἡμεῖς ἐσμέν διδάσκαλος καί μαθητής.　ロ ἡμεῖς ἐσμεν διδάσκαλος καὶ μαθητής.

(7)　イ ἐγὼ ἄνθρωπός εἰμι.　ロ ἐγὼ ἄνθρωπος εἰμι.

§114　句読点

NOTES

1.　(.)　終止符 (**Period**)。

2.　(,)　コンマ (**Comma**)。

3.　(·)　コロン (**Colon**)、またはセミコロン (**Semicolon**)。これは英語の (:) または (;) に相当する。

4.　(;)　疑問符 (**Question Mark**)。これは英語の (?) に相当する。

ὁ θεὸς ἔστιν.

生きるはキリスト

「私にとっては、生きることはキリスト」（ピリピ 1:21）

「私にとっては、生きることはキリスト」とはどういう意味か。生きること＝キリストとは論理的には変である。したがってその意味は「生きることはキリスト<u>のため</u>；キリスト<u>とともに</u>；キリスト<u>にあってである</u>」のようにいろいろな前置詞を使うところであるが、パウロはそういうことをいっさい含めて、「生きることはキリスト（である）」といったのである。

IV 動詞の働き

第28課 分 詞

《 聖書の句 》

ὁ ἔχων τὸν υἱὸν ἔχει τὴν ζωήν.

ホ　エこーン　　トン　ヒゅィオン　エけィ　テーン　ゾーエーン

御子を持つ者は命を持つ。（Ⅰ ヨハネ 5:12）

§115 分詞 (Participle)

　分詞とは、動詞の性質を備えた一種の形容詞である。副詞的にも用いられるのが特徴である。

[用例]

1. 副詞的用法

<u>λέγων ταῦτα</u> Παῦλος βλέπει τὸν ἄνθρωπον.

Saying these, Paul sees the man.

[訳]　パウロはこれらのことをいいながらその人を見る。

　λέγων は λέγω「(私は)言う」の分詞(能動現在男単主)で、その意味上の主語はパウロである。そしてこの分詞は ταῦτα (これらを)を目的語としてとり、副詞的に βλέπει (＜βλέπω 見る)を修飾する。

　分詞としては Παῦλος (パウロ)と性・数・格が一致する。

2. 形容詞的用法(名詞を直接修飾するばあい)

ὁ <u>λέγων</u> <u>ἀπόστολός</u> ἐστιν Παῦλος.

[訳]　その話している使徒はパウロである。

ὁ δοῦλος ὁ λέγων ταῦτά ἐστιν Ὀνήσιμος.

[訳]　これらのことを言っているそのしもべはオネシモである。

[注] ταῦτα がその後に ἐστίν がくると、ἐστίν のアクセントが先行する単語の語尾に移って一つの単語のようになり、ταῦτά ἐστιν になる。その理由は ἐστίν という単語が後接詞といって、発音上前の単語の一部となるために、言い換えれば、従属するために自分のアクセントを前の単語の語尾に移す(献上する)のである。ταῦτα と ἐστίν とでは、それぞれが独立しているが、ταῦτά ἐστιν とすると、発音上一体化し、1つの単語のようになり、ギリシア語としては発音しやすいのである。

3. 名詞的用法(ここでの名詞は、「〜する人」のことであり、冠詞がつくばあいが多い)

ὁ <u>πιστεύων</u> εἰς τὸν υἱὸν ἔχει ζωὴν αἰώνιον.
　　　(主語)

[訳]　御子を信じる者は永遠のいのちを持つ。(ヨハネ 3:36)

[用例]

　ὁ ἔχων (＜ἔχω 持つ)「持つ者」

　ὁ πιστεύων (＜πιστεύω 信じる)「信じる者」

　ὁ ἀκούων (＜ἀκούω 聞く)「聞く者」

　分詞の否定には μή を用いる。ὁ μὴ πιστεύων「信じない者」

[分詞の成り立ち]

　分詞は、動詞の語幹に εἰμί の分詞がついたものである。ἔχω (持つ)の男性単数主格の現在分詞は ἔχων で、これは語幹 ἔχ ＋ ων (εἰμί の現在分詞男性単数主格)から成っている。

NOTES

§116 分詞の特別用法

　文の主語と分詞の意味上の主語とが異なるばあい、意味上の主語を属格にし、分詞はそれに性・数・格を一致させ、副詞的に文の述語を修飾する。したがってここで注意すべきことは、意味上の主語と分詞が共に属格であることである。この用法を独立属格 (**Genitive Absolute**) という。

$$\underline{λέγοντος}\ αὐτοῦ\ ἐγὼ\ ἀκούω.$$

[訳]　彼が語る（とき、けれども、ので）私は聞く。

[注] λέγοντος [現分男単属] ＜ λέγω 語る、言う
　　　αὐτοῦ [男単属] ＜ αὐτός 彼は

§117　練習問題 (24)　次の 5 つの文を日本語に訳しましょう。（練習問題の解答は巻末）

(1) οὗτός ἐστιν ὁ βαπτίζων ἐν πνεύματι ἀγίῳ. (ヨハネ 1:33)

(2) ὁ ἔχων τὸν υἱὸν ἔχει τὴν ζωήν. (Ⅰヨハネ 5:12)

(3) ὁ δοῦλος ὁ πιστεύων εἰς τὸν υἱὸν ἔχει ζωὴν αἰώνιον.

(4) λέγων ταῦτα ὁ ἀπόστλος βλέπει αὐτόν.

(5) λέγοντος αὐτοῦ σὺ ἀκούεις.

βαπτίζων（現分男単属＜βαπτίζω　バプテスマする）

πνεύματι（中単与＜πνεῦμα, τό　霊）　　ἀγίῳ（中単与＜ἅγιος　聖なる）

ἐν πνεύματι ἀγίῳ（聖霊によって）　　βαπτιστής, ὁ　洗礼（他者にバプテスマする）者

τήν（女単対＜ἡ（女性名詞につく冠詞））　　ζωήν（女単対＜ζωή, ἡ　いのち）

αἰώνιον（女単対＜αἰώνιος　永遠の）　　βλέπει（直現3単＜βλέπω　見る）

ταῦτα（中複対＜οὗτος　これ）　　αὐτόν（男単対＜αὐτός　彼）

αὐτοῦ（男単属＜αὐτός　彼は）

ὁ ἔχων τὸν υἱὸν ἔχει τὴν ζωήν.

第29課 不定法

《 聖書の句 》

κύριε, θέλομεν τὸν Ἰησοῦν ἰδεῖν.

キゅリエ　　　せろメン　　　トン　　　イェース〜ン　　ィ**デ**ィン

ご主人さま。私たちはイエスにお目にかかりたいのです。(ヨハネ 12:21)

§118　不定詞 (Infinitive)

　不定詞とは、動詞の性質をそなえた一種の名詞である。不定詞の特徴は、人称・数・格の変化がないことである。性 (**Gender**) は中性である。

　能動態現在の語尾は -ειν である。-ω で終わる動詞の語幹に -ειν がついて不定詞となる。ἀκούω の現在能動態不定詞は ἀκούειν (＜現在語幹 ἀκού ＋不定詞語尾 -ειν) である。

　λύ-ω (解 く)　→ λύ-ειν; βλέπ-ω (見 る) → βλέπ-ειν; ἔχ-ω (持つ) → ἔχ-ειν;

γινώσκ-ω [ギーノーₛコー] (知る) → γινώσκ-ειν; αναγινώσκ-ω [アナギーノーₛコー] (読む) → αναγινώσκ-ειν

καλόν ἐστιν ὧδε εἶναι.

これは「ここにいることはよいことです」であるが、「私が」という不定詞の意味上の主語を加えるためには、それを対格にして ἐμέ を ὧδε の前に加える。

すると **καλόν ἐστιν ἐμὲ ὧδε εἶναι.**

(私がここにいることはいいことである) となる。

[用例]

1. 名詞的用法

καλόν ἐστιν ἡμᾶς ἀναγινώσκειν τὴν γραφήν.

[訳] 　私たちが聖書を読むことはよいことである。

θέλω ἀκούειν τὸν λόγον τοῦ θεοῦ.

[訳] 　私は神のことばが聞きたい (**I want to hear the word of God.**)。

2. 形容詞的用法

σὺ ἔχεις ὧτα ἀκούειν.

[注] ὧτα (中複対 ＜ οὖς, τό 耳)

[訳] 　あなたは聞く (聞くための) 耳がある (**You have ears to hear.**)。

3. 副詞的用法

ἔρχομαι ἀκούειν τὸν λόγον τοῦ θεοῦ.

[訳] 　私は神のことばを聞きに (聞くために) 来る (**I come to hear the word of God.**)。

§119 練習問題 (25)　次の 6 つの文を日本語に訳しましょう。

（練習問題の解答は巻末）

⑴ θέλω βλέπειν τὴν οἰκίαν αὐτοῦ.

⑵ ὁ δοῦλος ἔχει ὦτα ἀκούειν.

⑶ ὁ ὄχλος ἔρχεται ἀκούειν τὸν λόγον τοῦ θεοῦ.

⑷ τί πάλιν θέλετε ἀκούειν; （ヨハネ 9.27）

⑸ κύριε, θέλομεν τὸν Ἰησοῦν ἰδεῖν.（ヨハネ 12:21）

⑹ ὁ Πέτρος εἶπεν τῷ Ἰησοῦ· κύριε, καλόν ἐστιν ἡμᾶς ὧδε εἶναι.（マタイ 17:4）

θέλω （欲する）

ὄχλος, ὁ （群衆、人だかり）

κύριε （男単呼＜κύριος, ὁ 　主、主人）

καλόν （中単主）＜καλός 　（よい）

εἶναι （不定詞）＜εἰμί 　（（〜に）いる）

οἰκίαν （女単対＜οἰκία, ἡ 　家）

τί （副）（なぜ）

Ἰησοῦν （男単対＜Ἰησοῦς, ὁ 　イエス）

ὧδε （ここに）

Ἰησοῦ は Ἰησοῦς [人名]「イエス」の与格と属格

ἰδεῖν （不定詞 見ること＜εἶδον[二過1単][私は]見た。その現在時制には ὁράω （「見る」が用いられる）

εἶπεν は λέγω の第二不定過去（二過）εἶπον 「(私は)言った」の 3 単二過である

学習メモ 21

ホン

　音の強さの単位を「フォン」とか「ホン」という。これは英語の phone からきており、その英語の語源はギリシア語の φωνή （音、声）である。telephone （電話）の場合は tele （＜ τήλε 　遠くに）と phone （＜ φωνή 　音）がいっしょになってできたもので、それは遠くに声をおくったり、遠くの声を聞く器械という意味である。

第30課 命令法

《 聖書の句 》

μόνον πίστευσον καὶ σωθήσεται.

モノン　　　　　ピ ｽ テゥ ソ ン　　　カ ｨ　　　　ソ ー せ ー セ タ ｨ

ただ信じなさい。そうすればその者はすぐに助かります。（ルカ 8:50）

§120　命令法 (Imperative Mood)

　これまで学んできた言い方は、あることを事実として述べるもので、これを直説法 (**Indicative Mood**) という。

　これから学ぶ言い方は、命令法で、これは相手になにかを命令したり、要求したりすることである。

　ギリシア語の命令法には二種類あって、一つは「〜しつづけなさい、〜していなさい」というように継続的動作の命令で、これを現在命令法という。もう一つは「（今）しなさい」というように瞬間的動作の命令で、これを不定過去命令法という。両者を比較すると次のようになる。

[現在命令法 2 人称単数]

πίστευε. 信じていなさい。
これは「信じつづけなさい」とか「信仰を保持しなさい」の意。

[不定過去命令法 2 人称単数]

πίστευσον. （いま）信じなさい。
これは「信仰を持ちなさい」の意。

§121　λύω の現在命令法の活用

[人称]	[単数]	[複数]
2 人称	λῦ-ε (あなたは) 解いていなさい	λύ-ε-τε (あなたがたは) 解いていなさい
3 人称	λυ-έ-τω (彼は) 解いていなさい	λυ-έ-τωσαν (彼らは) 解いていなさい

§122　否定詞

　「〜ない」という否定詞としては οὐ と μή がある。οὐ は直説法に用いられ、μή は命令・接続・希求法と共に用いられる。

　οὐ は母音の前では οὐκ、[˙] がつく硬気息音の前では οὐχ が用いられる。
[用例]

οὐ γίνεται　　それは生じない

οὐκ ἔρχεται　（彼は）来ない

οὐχ ἑπτά　　七でない

§123　命令の用法

1.　現在命令法による命令と禁止

(1) 個々の継続的動作の命令と禁止

（イ）πιστεύετε εἰς τὸν θεόν, καὶ εἰς ἐμὲ πιστεύετε.

　　[訳]　神を信じ、またわたしを信じつづけなさい。(ヨハネ 14:1)

（ロ）μὴ ποιεῖτε τὸν οἶκον τοῦ πατρός μου οἶκον ἐμπορίου.

　　[訳]　わたしの父の家を商売の家としているな (とするのを止めよ)。(ヨハネ 2:16)

　　[注] ἐμπορίου (女単属 < ἐμπορία [エ ᴍポリアー], ἡ 商売)

(2) 一般的な命令と禁止。

（イ）ἀγαπᾶτε τοὺς ἐχθροὺς ὑμῶν.

　　[訳]　あなたがたの敵を愛しなさい。(マタイ 5:44)

　　[注] ἐχθρούς (男複対 < ἐχθρός, ὁ 敵)

　　ἄκουε, Ἰσραήλ.

　　[訳]　イスラエルよ、聞け。(マルコ 12:29)

（ロ）μὴ κλέπτε.

　　[訳]　盗みをしてはならない。

　　([参] 律法としては未来の否定 οὐ κλέψεις マタイ 19:18)

　　μὴ θαυμάζετε.

　　[訳]　(あなたがたは) 驚いてはいけません。(I ヨハネ 3:13)

2.　不定過去命令法による命令

　　[即時的な命令]

　　πίστευσον ἐπὶ τὸν κύριον Ἰησοῦν.

　　[訳]　(即刻) 主イエスを信じなさい。(使徒 16:31)

3.　不定過去接続法による即時的否定命令

　　[即時的な否定命令]

　　μὴ ταῦτα ποιήσῃς.

　　[訳]　そんなことをしてはいけない。

4.　未来直説法による律法の命令と禁止

(1) ἀγαπήσεις κύριον τὸν θεόν σου.

　　[訳]　あなたの神、主を愛せよ (マタイ 22:37 [参照]LXX Deut. (70 人旧約ギリシア語訳申命記) vi .5。

(2) Οὐ μοιχεύσεις.

　　[訳]　姦淫してはならない (マタイ 5:27 [参照]LXX Ex. xx, 14)。

§124　λύω による命令の表現

[人称]	[命令の表現]	能　動	
		[単数]	[複数]
二人称	現在命令	λῦ-ε	λύ-ε-τε
	一過命令	λῦ-σ-ον	λύ-σ-α-τε
	一過接続法	λύ-σ-ῃς	λύ-σ-η-τε
	未来直説	λύ-σ-εις	λύ-σ-ε-τε

§125　練習問題 (26)　次の 5 つの文を日本語に訳しましょう。（練習問題の解答は巻末）

(1) πίστευε εἰς τὸν Χριστόν.

(2) μὴ πιστεύετε εἰς τὸν ψευδοπροφήτην.

(3) μόνον πίστευσον καὶ σωθήσεται.(ルカ 8:50)

(4) μὴ ταῦτα ποιήσῃς.

(5) ἀγαπήσεις κύριον τὸν θεόν σου.

ψευδοπροφήτην （男単対＜ ψευδοπροφήτης

［＜ ψευδής ［形］ いつわりの＋ προφήτης 　預言者］, ὁ 偽予言者)

μόνον πίστευσον καὶ σωθήσεται.

人の子

　人間という意味の「人の子」（ὁ υἱὸς τοῦ ἀνθρώπου）がなぜ「メシア」の意味に用いられるようになったか。それは、ダニエル書の「見よ、人の子のような方が天の雲に乗って来られ」（ダニエル 7:13）からきている。

　「人の子のような方」とは「人間の姿をした方」という意味であり、この文脈では神的存在である。そこで「〜のような方が天の雲に乗って来られ」を「人の子」の中に含めた意味で、イエスはご自身のことをそう呼んだ。（ルカ 19:10）

　したがって主イエスはそれを旧約で預言されたメシヤの意味で用いたのである。

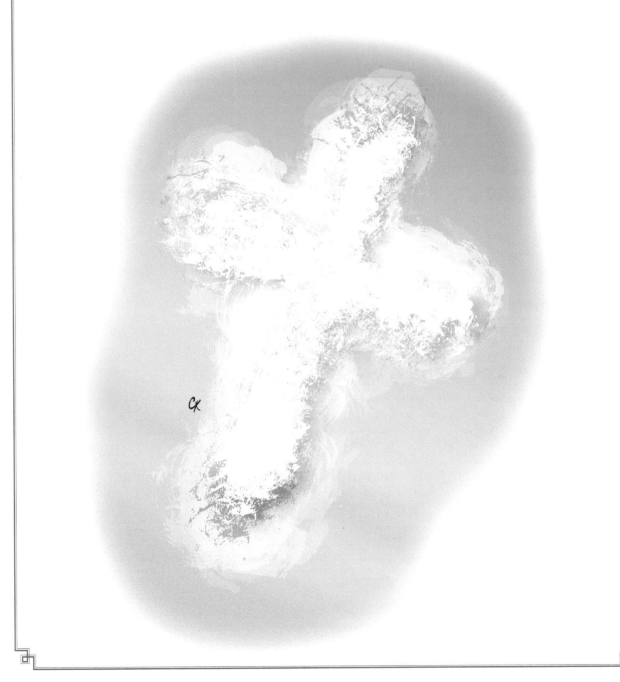

接続法

《 聖書の句 》

ἐάν τι αἰτήσητέ με ἐν τῷ ὀνόματί μου, ἐγὼ ποιήσω.

エアン　ティ　アィテーセーテ　メ　エン　ト　オノマティ　ムー　エゴー　ポィエーソー

あなたがたがわたしに何事でもわたしの名によって求めるならば、わたしはそれをかなえてあげよう。(ヨハネ 14:14)

§126　接続法 (Conjunctive Mood)

NOTES

　直説法が、あることを事実として述べるのに対し、接続法は、勧誘 (〜しよう)、目的 (〜ために)、条件 (もし〜ならば)、に用いられる。現在と不定過去の接続法があり、いずれも未来に関するもので、前者は継続的 (〜し続ける) 動作であり、後者は即時的 ([そくざに] する) 動作である。

§127　現在接続法の用例

1. 一人称複数による (〜し続けよう)

πιστεύωμεν εἰς τὸν Χριστόν.

[訳] キリストを信じ続けよう。

2. ἵνα ＋接続法 (〜し続ける) ために

ἔρχεται ἵνα ἀκούῃ.

[訳] 彼は (継続的に) 聞くために来る。

3. ἐάν ＋接続法「もし (〜し続ける) ならば」という条件節に対する帰結節は未来または現在直説法を使用。

ἐὰν λέγωμεν τὴν ἀλήθειαν, πιστεύσετε ἡμῖν.

[訳] もし私たちが真理を言い続ければ、あなたがたは、私たちを信じるでしょう。

§128　現在接続法での εἰμί と λύω の活用

[人称]	[単数]			[複数]		
	[能 動]	[能 動]	[自・受動]	[能 動]	[能 動]	[自・受動]
1 人称	ὦ	λύω [りゅーオー]	λύωμαι [りゅーオーマィ]	ὦμεν	λύωμεν	λυώμεθα
2 人称	ῇς	λύῃς	λύῃ	ἦτε	λύητε	λύησθε
3 人称	ῇ	λύῃ	λύηται	ὦσι	λύωσι(ν)	λύωνται

1. λύω の語尾は能動では εἰμί の接続法と同じである。

2. 接続法の活用の特徴としては、語尾の最初の文字が長母音である。

3. 接続法の否定詞は μή である。

§129　不定過去接続法の用例

　この用例は、すでに学んだ現在接続法の動詞を不定過去接続法の動詞に置き換えれば済むのである。たとえば、**πιστεύωμεν εἰς τὸν Χριστόν.**（キリストを信じ続けよう。）の動詞を πιστεύσωμεν と置き換えれば、（キリストを［即座に］信じよう）になるのである。

§130　特殊な例

1.　μή ＋不定過去接続法は、まだ始まらない行為の禁止命令（〜するな）。

μή λύσῃς τὸν ἵππον.

［訳］　その馬をほどくな。

［注］λύσῃς（一過接２単＜ λύω ほどく）

2.　οὐ μή ＋不定過去接続法は強い否定の表現。

οὐ μή φάγω κρέα εἰς τὸν αἰῶνα.

［訳］　私は永久に断じて肉を食べることはしない。（Ⅰコリント 8:13）

［注］φάγω（二過接１単＜ ἐσθίω 食べる）; κρέα（複対＜ κρέας, τό 肉）.

§131　第一不定過去接続法での λύω の活用

[人称]	[単数]			[複数]		
	［能　動］	［中　動］	［受　動］	［能　動］	［中　動］	［受　動］
1人称	λύσω [りゅーソー]	λύσωμαι [りゅーソーマイ]	λυθῶ [りゅーそー]	λύσωμεν	λυσώμεθα	λυθῶμεν
2人称	λύσῃς	λύσῃ	λυθῇς	λύσητε	λύσησθε	λυθῆτε
3人称	λύσῃ	λύσηται	λυθῇ	λύσωσι(ν)	λύσωνται	λυθῶσι(ν)

§132　第二不定過去接続法での λαμβάνω（受け取る）の活用

[人称]	［能動］	
	[単数]	[複数]
1人称	λάβω	λάβωμεν
2人称	λάβῃς	λάβητε
3人称	λάβῃ	λάβωσι(ν)

§133　練習問題 (27)　次の 6 つの文を日本語に訳しましょう。(練習問題の解答は巻末)

(1) πιστεύωμεν εἰς τὸν θεόν.

(2) ἔρχονται ἵνα ἀκούωσιν.

(3) ἐὰν λέγῃ τὴν ἀλήθειαν, πιστεύσετε αὐτῷ.

(4) μὴ λύσῃς τὸν πῶλον.

(5) οὐ μή λάβω κρέα εἰς τὸν αἰῶνα.

(6) ἐάν τι αἰτήσητέ με ἐν τῷ ὀνόματί μου, ἐγὼ ποιήσω. (ヨハネ 14:14)

πῶλον	(単対＜πῶλος, ὁ　子ロバ、動物の子)	λάβω	(1 単二過接＜λαμβάνω [私は] 受け取る)
κρέα	(単対＜κρέας, τό　(動物の) 肉	εἰς τὸν αἰῶνα	(否定詞と共に) 決して〜 (でない)
αἰτήσητε	(一過接 2 複＜αἰτέω [私は]〜に[対]〜を[対] 求める)	ποιήσω	(1 単未＜ποιέω　[私はその求めを] 実現する)

ἐάν τι αἰτήσητέ με ἐν τῷ
ὀνόματί μου, ἐγὼ ποιήσω.

メシア

　Μεσσίας はアラム語のメシーハーとヘブライ語マーシーアハをそのまま音訳してギリシア語の語尾をつけたものである。これは、油を注がれた者、つまりメシアである。ギリシア語で、これに相当するのが Χριστός（本来は「油注がれた」という形容詞で、χρίω（油注ぐ）という動詞からきている）である。

　メシアはイスラエルの油注れた王をさし、サウルの統治の後は、来たるべきダビデの子孫である待望のメシア（救い主）を意味する。

　新約聖書では原則として、旧約聖書で預言されているメシアを意味する（マタイ 16:16 など）。

第32課

条件文

《 聖書の句 》

εἰ ἐγνώκειτέ με, καὶ τὸν πατέρα μου ἂν ἤδειτε.

エィ　エグノーケィテ　メ　カィ　トン　パテラ　ムー　アン　エーディテ

もしあなたがたがわたしを知っていたなら、わたしの父をも知っていただろう。(ヨハネ 14:7)

NOTES

§134

　条件文において、条件は εἰ, ἐάν で始まる節で表される。条件を表す従節を前文といい、帰結を表す主節を後文という。前文の否定は μή、後文の否定は οὐ を原則とするが、前文でも直説法の動詞が用いられるばあいは οὐ を用いる。以下に述べるものは原則であって、固定していないものもあり、あまり公式的に考えることはできない。

§135

　前文と後文とが直説法の動詞をとる最も普通の条件文がある。直説法が用いられるのは、話者が断定的に述べる態度の表れである。内容は過去、現在、未来のいずれのばあいもある。

εἰ δὲ πνεύματι ἄγεσθε, οὐκ ἐστὲ ὑπο νόμον.

　[訳]　しかし、もしあなたがたが御霊に導かれるなら、律法の下にはいない。(ガラテヤ 5:18)

§136

　事実の反対を仮定するばあいは、後文には ἄν(〜だろう) を用いる。1　現在の事実の反対を表すには、両節に未完了過去を用い、2　過去の事実の反対を表すには、両節に不定過去または過去完了の直説法を用いる。この際、動詞は主として動作の様態を表すので、現在の事実の反対か過去のそれかは、文脈によって判断される。

1. 現在の事実の反対の仮定

εἰ γὰρ ἐπιστεύετε Μωϋσεὶ, ἐπιστεύετε ἂν ἐμοί.

　[訳]　だから、もしあなたがたがモーセを信じているなら、わたしを信じているだろう。(ヨハネ 5:46)

2. 過去の事実の反対の仮定

εἰ γὰρ ἔγνωσαν, οὐκ ἂν τὸν κύριον τῆς δόξης ἐσταύρωσαν.

　[訳]　だから、もし彼らが (その知恵を) 知っていたなら、栄光の主を十字架につけはしなかっただろう。(Ⅰコリント 2:8)

εἰ ἐγνώκειτέ με, καὶ τὸν πατέρα μου ἂν ἤδειτε.

　[訳]　もしあなたがたがわたしを知っていたなら、わたしの父をも知っていただろう。(ヨハネ 14:7)

§137

未来の仮定は、従節は ἐάν ＋接続法で、帰結は直説法未来か現在。

ἐὰν μὴ λέγομεν τὴν ἀλήθειαν, οὐ πιστεύσετε ἡμῖν.

［訳］　もし私たちが真理を言わなければ、あなたがたは私たちを信じないだろう。

---

§138　練習問題 (28)　次の5つの文を日本語に訳しましょう。 （練習問題の解答は巻末）

(1) εἰ υἱὸς εἶ τοῦ θεοῦ, βάλε σεαυτὸν κάτω. （マタイ 4:6）

(2) τί οὖν βαπτίζεις εἰ σὺ οὐκ εἶ ὁ χριστός; （ヨハネ 1:25）

(3) εἰ ἦς ὧδε, οὐκ ἂν ἀπέθανεν ὁ ἀδελφός μου. （ヨハネ 11:21）

(4) εἰ ἔτι ἀνθρώποις ἤρεσκον, Χριστοῦ δοῦλος οὐκ ἂν ἤμην. （ガラテヤ 1:10）

(5) εἰ γὰρ ἐξ ἡμῶν ἦσαν, μεμενήκεισαν ἂν μεθ' ἡμῶν. （I ヨハネ 2:19）

βάλε（二過命2単＜βάλλω　投げる）

κάτω［副］下へ

ἔτι　なお

ἤρεσκον（未完1単＜ἀρέσκω ＋与格　（人を）喜ばせる）

μεμενήκεισαν（過完3複＜μένω　とどまる）

学習メモ 24

グラフ

日本語で方眼紙のことを「グラフ」用紙というが、これはギリシア語の γράφω（書く）からきている。telegraph は［遠くで＋書く］ことから電信、電報の意。

εἰ ἐγνώκειτέ με, καὶ τὸν πατέρα μου ἂν ᾔδειτε.

希求法

《 聖書の句 》

Αὐτὸς δὲ ὁ κύριος τῆς εἰρήνης δῴη ὑμῖν τὴν εἰρήνην.

アゥトス　デ　ホ　キューリオス　テ〜ス　エィレーネース　ドーエー　ヒューミ〜ン　テーン　エィレーネーン

さて、どうか平和の主ご自身があなたがたに平和を与えてくださるように。（Ⅱテサロニケ 3.16）

---

§139　希求法 (Optative Mood)

NOTES

これは願望を表現するもので、新約聖書には用例は少ない。

1. **μὴ γένοιτο.**（ローマ 6:2）

γένοιτο は、γίνομαι（生じる）の二過希 3 単で「（それが）生じるように」と願望を表す。それを μὴ で否定するのであるから、その意味は、「それが生じないように」で、パウロが前言を「断じてそうであってはならない」と否定したことばである（参照ローマ 6:2）。　[注] 二過→第二不定過去の省略形。

2.

(1) **ὁ θεὸς δῴη ὑμῖν τὸ αὐτό.**（[参] ローマ 15:5）

δῴη は διδώμι（～に～を与える）の二過希 3 単で、「どうか神があなたがたに同じものを与えてくださるように」という願望である。

(2) **Αὐτὸς δὲ ὁ κύριος τῆς εἰρήνης δῴη ὑμῖν τὴν εἰρήνην.**（Ⅱテサロニケ 3:16）

[訳]　さて、どうか平和の主ご自身があなたがたに平和を与えてくださるように。

[注] ἡ εἰρήνη には戦争に対する平和の意味と、心の不安に対する平安（心のやすらぎ）の意味がある。前節（Ⅱテサロニケ 3:15）には「敵」ということばがあるので、ここの主も「平和の主」である。そして εἰρήνην に冠詞 τὴν がついていることからも、「平和の主」の平和を指していると思われる。

(3) **δῴη ἔλεος ὁ κύριος τῷ Ὀνησιφόρου οἴκῳ.**

[訳]　どうか主がオネシポロの家にあわれみをくださるように。

(1) ὁ θεὸς δῴη ὑμῖν εἰρήνην.

(2) ὁ κύριος τῆς εἰρήνης δῴη ὑμῖν ταῦτα.

(3) ὁ θεὸς δῴη σοι ἔλεος.

(4) ὁ πατήρ μου δῴη ὑμῖν τὸν ἄρτον ἐκ τοῦ οὐρανοῦ τὸν ἀληθινόν. [[参] ヨハネ6:32]

(5) ὁ Χριστὸς δῴη σοι χάριν μεγάλην.

δῴη（二過希3単 < δίδωμι　[私が]... を与える）

τῆς（女単属 < ἡ　冠詞）

ἄρτον（男単対 < ἄρτος, ὁ　パン）

χάριν（女単対 < χάρις, ἡ　恵み）

ἔλεος（中単対 < ἔλεος, τό　あわれみ（[注意] 主格と対格が同形）

εἰρήνην（女単対 < εἰρήνη, ἡ　平安）

εἰρήνης（女単属 < εἰρήνη, ἡ　平和）

οὐρανοῦ（男単属 < οὐρανός, ὁ　天）

μεγάλην（女単対 < μεγάλη　[形] 大きい）

A　学習メモ 25　Ω

知る

οἶδα は知的に知ることで、すでにある知識に基づいて知ることである。これに対し γινώσκω は体験によって知ることである。

たとえば、イスラエルに行かなくとも写真や本でイスラエルを知る（οἶδα）ことはできるが、イスラエルへ現実に行って肌で感じて知る（γινώσκω）こともできる。

Αὐτὸς δὲ ὁ κύριος τῆς εἰρήνης δῴη ὑμῖν τὴν εἰρήνην.

第34課 比較法

《 聖書の句 》

ὁ δὲ μικρότερος ἐν τῇ βασιλείᾳ τῶν οὐρανῶν μείζων αὐτοῦ ἐστιν.

ホ　デ　　ミクロテロス　　エン　テ〜　バスィれィアート〜ン　　ウーラノ〜ン　　メィゾーン　アゥトウ〜　エスティン

しかし天国で一番小さい者も彼よりは偉大である。（マタイ 11:11）

§141　形容詞と副詞との比較を表す形

　形容詞は「より強い」、「最も強い」のように、他と比べるばあいに前者を比較級、後者を最上級、もとの形「強い」を原級という。副詞のばあいも、それと同じで、「より速く」が比較級で、「最も速く」が最上級で、もとの形「速く」が原級である。

§142　形容詞の比較級 (主として男性単数主格の形容詞)

	原　級	比　較　級	最　上　級
規則的	ἰσχυρός [イスきゅーロス] 強い	ἰσχυρότερος より強い （男）-τερος （女）-τερα （中）-τερον	ἰσχυρότατος 最も強い （男）-τατος （女）-τάτη （中）-τατον
不規則的	ἀγαθός 良い	κρείσσων より良い βελτίων （男・女）-ων （中）-ον	κράτιστος 最も良い （男）-ιστος （女）-ίστη （中）-ον
	μέγας 大きい	μείζων より大きい （男・女）-ων （中）-ον	μέγιστος 最も大きい （男）-ιστος （女）-ίστη （中）-ον
	μικρός [ミークロス] 小さい	μικρότερος より小さい ἐλάσσων （男・女）-ων （中）-ον	ἐλάχιστος 最も小さい （男）-ιστος （女）-ίστη （中）-ον

§143　動詞や形容詞を修飾する副詞の比較形

原　級	比　較　級	最　上　級
ταχύ ταχέως 速く	τάχιον [タきーオン] より速く	τάχιστα 最も速く

§144　形容詞と副詞との比較の用法

1. 形容詞のばあいは、語尾に性の区別があるが、副詞にはない。

2. 形容詞と副詞との比較級の後には、(1) 比較される名詞が属格のばあいと、

(2) 接続詞 ἤ「〜より」を用いるばあいとがある。(2) のばあいは比較されるもの同士は互いに格が同じである。

[形容詞の例]

(1)(イ) αὐτὸς σοφώτερος τοῦ υἱοῦ ἐστιν.

[訳]　彼は息子より賢い。

(ロ) αὐτὴ σοφωτέρα τοῦ υἱοῦ ἐστιν.

[訳]　彼女は息子より賢い。

(ハ) οὐκ ἔστιν δοῦλος μείζων τοῦ κυρίου αὐτοῦ.

[訳]　しもべはその主人にまさらない。(ヨハネ 15:20)

(2) ὁ δοῦλος σοφώτερός ἐστιν ἢ ὁ υἱὸς αὐτοῦ.

[訳]　そのしもべは自分の息子より賢い。

[副詞の例]

(1)(イ) αὐτὸς τάχιον τοῦ υἱοῦ τρέχει.

[訳]　彼はその息子より速く走る。

(ロ) αὐτὴ τάχιον τοῦ υἱοῦ τρέχει.

[訳]　彼女はその息子より速く走る。

(2) οὗτος τάχιον τρέχει ἢ ὁ υἱός.

[訳]　この方はその息子より速く走る。

3. 形容詞の最上級の例

(1) ὁ δὲ μικρότερος ἐν τῇ βασιλείᾳ τῶν οὐρανῶν μείζων αὐτοῦ ἐστιν.

[訳]　しかし天国で一番小さい者も彼よりは偉大である。(マタイ 11:11)

(2) ἐγὼ γάρ εἰμι ὁ ἐλάχιστος τῶν ἀποστόλων.

[訳]　なぜなら私は使徒たちの中で一番小さい者だからである。(Ⅰコリント 15:9)

4. 副詞の最上級の例

ὡς τάχιστα ἦλθον πρὸς αὐτόν.

[訳]　彼らはできるかぎり早く彼のところに来た。([参考] 使徒 17:15)

§145　**練習問題 (30)**　次の5つの文を日本語に訳しましょう。　（練習問題の解答は巻末）

(1) ὁ πατὴρ μείζων μού ἐστιν.（ヨハネ 14:28）

(2) ὁ δοῦλος σοφώτερός ἐστιν ἢ ἡ θυγάτηρ αὐτοῦ.

(3) ὁ μαθητὴς τάχιον τοῦ υἱοῦ τρέχει.

(4) ἐγὼ γάρ εἰμι ὁ ἐλάχιστος τῶν ἀποστόλων.（Ⅰコリント 15:9）

(5) ὡς τάχιστα ἦλθεν ὁ προφήτης πρός με.

θυγάτηρ, ἡ　（娘）　　ἦλθε(ν)（二過3単< ἔρχομαι　[私は] 来る）

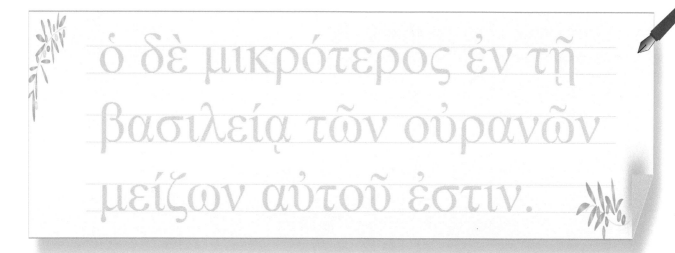

ὁ δὲ μικρότερος ἐν τῇ
βασιλείᾳ τῶν οὐρανῶν
μείζων αὐτοῦ ἐστιν.

悔い改めと後悔

　イスカリオテのユダは主イエスを銀貨 30 枚で売って、その後で後悔して自殺した（マタイ 27:3~5）。「後悔する」というギリシア語は μεταμέλομαι で、μετα（後で）＋ μέλω（心配する）からなっている。これは、ことをしてしまったあとで悔やむ、後悔することである。

　ところが、ペテDは、彼の説教を聞いて強く心を刺された人々に対し「悔い改めなさい」（使徒 2:38）といった。

　「悔い改める」のギリシア語は μετανοῶ（έω）で μετα-（変化）＋ νοια（＜ νούς 心）＝（心の変化）が動詞になっている。

　これは考え方の根本をすっかり変えることで、「悔いて改める」意である。今までの考え方を 180 度転換することである。

　ペテD自身、主イエスを三度も裏切った（マタイ 26:69~75）にもかかわらず、その後立ち直って、人々に悔い改めをすすめているところを見ると、彼自身、後悔でなく、悔い改めたはずである。

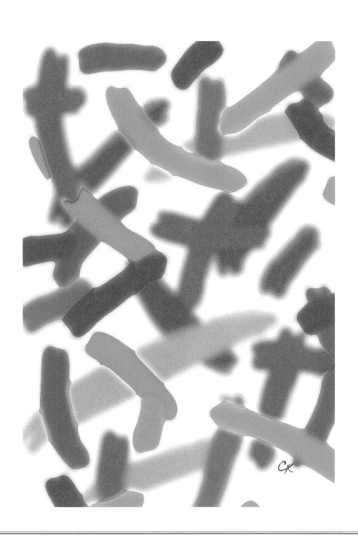

第35課 数詞

《 聖書の句 》

Χριστὸς ἅπαξ περὶ ἁμαρτιῶν ἀπέθανεν.

くリーストス　　ハパクス　　ペリ　　　ハマルティオ〜ン　　　アペさネン

キリストはひとたび罪の(あがないの)ゆえに死んだ。(Ⅰペテロ 3:18)

§146 数詞

　数詞には、数を表す基数と順序を表す序数とがあり、これらは形容詞としても名詞としても用いられ、回数や倍数を表す副詞もある。

§147 基数・序数・数詞の副詞

	基 数	序数（第〜の）	数詞の副詞(〜回(倍))
1	1 （男）εἷς （女）μία （中）ἕν	第一の （男）πρῶτος （女）-η （中）-ον	1回(倍) （男）ἅπαξ
2	（男）δύο	（男）δεύτερος （女）-α （中）-ον	二回(倍) （男）δίς
3	（男・女）τρεῖς （中）τρία	（男）τρίτος （女）-η （中）-ον ※以下に同じ	（男）τρίς
4	（男・女）τέσσαρες （中）τέσσαρα	（男）τέταρτος	（男）τετράκις
5	（男）πέντε	（男）πέμπτος	（男）πεντάκις
6	（男）ἕξ	（男）ἕκτος	（男）ἑξάκις
7	（男）ἑπτά	（男）ἕβδομος	（男）ἑπτάκις
8	（男）ὀκτώ	（男）ὄγδοος	（男）ὀκιάκις
9	（男）ἐννέα	（男・女）ἔνατος （中）ἔννατος	（男）ἐνάκις
10	（男）δέκα	（男）δέκατος	（男）δεκάκις
11	（男）ἕνδεκα	（男）ἑνδέκατος	（男）ἑνδεκάκις
12	（男・女）δώδεκα （中）δεκαδύο	（男）δωδέκατος	（男）δωδεκάκις
100	（男）ἑκατόν	（男）ἑκατοστός	（男）ἑκατοντάκις
1,000	（男）χίλιοι （女）-αι [きーりオィ] （中）-α	（男）χιλιοστός [きーりオストス]	（男）χιλιάκις [きーりアキス]

§148 ［用例］

1. ἐγὼ καὶ αὐτὸς δύο ἐσμέν.　　［訳］　私と彼とで2人である。

2. ἦσαν παρ' ἡμῖν πέντε ἀδελφοί καὶ ὁ δεύτερος
ἐτελεύτησεν.

　　［訳］　私たちに五人の兄弟がいました。そして二番目の兄弟が死にました。

　　［注］ παρ' ἡμῖν（＜ παρά（～の所に）＋［与格］ ἡμῖν （私たちに）

　　　　 ἐτελεύτησεν（3単一過＜ τελευτάω　死ぬ）

3. αὕτη ἐστὶν ἡ μεγάλη καὶ δεύτερα ἐντολή.

　　［訳］　これは偉大なそして第二の戒めである。

4. μία ἡμέρα παρὰ ἀνθρώποις μία ἡμέρα καὶ χίλια
ἔτη ἔτη χίλια.

　　［訳］　人間にとって一日は一日であり、千年は千年である。（［参］Ⅱペテロ 3:8）

　　［注］ ἡμέρα［ヘーメラー］（日）　　　 χίλια［キーりア］（千）

　　　　 ἔτη（中複主＜ ἔτος, τό　年）

5. Χριστὸς ἅπαξ περὶ ἁμαρτιῶν ἀπέθανεν.

　　［訳］　キリストはひとたび罪の（あがないの）ゆえに死んだ。（Ⅰペテロ 3:18）

　　［注］ ἁμαρτιῶν（女複属＜ ἁμαρτία［ハマルティアー］, ἡ　罪）

　　　　 περί ＋属　（の贖いの）ために
　　　　 ἀπέθανεν（二過直3単＜ ἀποθνήσκω　死ぬ）

---

§149　練習問題 (31)　次の5つの文を日本語に訳しましょう。　（練習問題の解答は巻末）

(1) ἐγὼ καὶ ὁ πατὴρ ἕν ἐσμεν.（ヨハネ 10:30）

(2) ἦσαν δὲ παρ' ἡμῖν ἑπτὰ ἀδελφοί· καὶ ὁ πρῶτος ἐτελεύτησεν.（［参］マタイ 22:25）

(3) αὕτη ἐστὶν ἡ μεγάλη καὶ πρῶτη ἐντολή.（マタイ 22:38）

(4) μία ἡμέρα παρὰ κυρίῳ ὡς χίλια ἔτη καὶ χίλια ἔτη ὡς ἡμέρα μία.（Ⅱペテロ 3:8）

(5) Χριστὸς ἅπαξ ὑπὲρ ἀδίκων ἀπέθανεν.（［参］Ⅰペテロ 3:18）

ὑπὲρ　（～のために、～の代りに）　　　 ἐντολή, ὁ　（いましめ）

...ἀδίκων　不義な人々（の代りに）（男複属＜ ἄδικος, -ον　［形］不義な）

Χριστὸς ἅπαξ περὶ ἁμαρτιῶν ἀπέθανεν.

第36課 再帰・相互・所有代名詞と所有形容詞

《 聖書の句 》

ἡ ἐμὴ διδαχὴ οὐκ ἔστιν ἐμὴ ἀλλὰ τοῦ πέμψαντός με.

ヘー　エメー　ディダけー　　ウーク　エスティン　エメー　　アらら　トウ～　　ペムプサントス　メ

わたしの教えは、わたしのものではなく、わたしをつかわされた方のものである。（ヨハネ 7:16）

再帰代名詞は、主語と同じものを示すために用いられる。

§150　再帰代名詞の変化 (単数)

	1 人称単数		2 人称単数		3 人称単数		
	私自身		あなた自身		彼自身	彼女自身	それ自身
	男性	女性	男性	女性	男性	女性	中性
[対格]	ἐμαυτόν	ἐμαυτήν	σεαυτόν	σεαυτήν	ἑαυτόν	ἑαυτήν	ἑαυτό
[属格]	ἐμαυτοῦ	ἐμαυτῆς	σεαυτοῦ	σεαυτῆς	ἑαυτοῦ	ἑαυτῆς	ἑαυτοῦ
[与格]	ἐμαυτῷ	ἐμαυῃῆ	σεαυτῷ	σεαυτῇ	ἑαυτῷ	ἑαυτῇ	ἑαυτῷ

§151　一人称・二人称・三人称の男女性複数と三人称中性複数の変化

	男性	女性	中性
[対格]	ἑαυτούς	ἑαυτάς [ヘアッタース]	ἑαυτά
[属格]	ἑαυτῶν	ἑαυτῶν	ἑαυτῶν
[与格]	ἑαυτοῖς	ἑαυταῖς	ἑαυτοῖς

NOTES

1. **ἐγὼ ἁγιάζω ἐμαυτόν.**

   [訳]　わたしは自分自身を聖別する。(ヨハネ 17:19)

2. **τί λέγεις περὶ σεαυτοῦ;**

   [訳]　あなたはあなた自身について何というか。(ヨハネ 1:22)

3. **οὐκ ἔχετε ζωὴν ἐν ἑαυτοῖς.**

   [訳]　あなたがたは自分のうちにいのちを持っていない。(ヨハネ 6:53)

ἡ ἐμὴ διδαχὴ οὐκ ἔστιν ἐμὴ
ἀλλὰ τοῦ πέμψαντός με.

§152 相互代名詞

男性		
[対格]	ἀλλήλους	互いを
[属格]	ἀλλήλων	互いの
[与格]	ἀλλήλοις	互いに

1. καὶ ἔλεγον πρὸς ἀλλήλους.
   [訳] そして彼らは互いに言った。(マルコ 4:41)

2. ἀφορίσει αὐτοὺς ἀπ' ἀλλήλων.
   [訳] 彼は彼らを(お互いから)より分けるであろう。(マタイ 25:32)
   [注] ἀφορίσει (3 単未 < ἀφορίζω 分ける)

3. δῶρα πέμψουσιν ἀλλήλοις.
   [訳] 彼らは互いに贈り物をおくり合うであろう。(黙示 11:10)

[注] δῶρα (女複対 < δωρεά [ドーレアー], ἡ 贈り物) πέμψουσιν (3 複未 < πέμπω 送る)

§153 所有形容詞と所有代名詞

ἐμός, -ή, -όν 私の(もの)　σός, σή, σόν あなたの(もの)

ἡμέτερος, -έρα, -ερον 私たちの(もの)　ὑμέτερος [ヒゅーメテロs],

-α, -ον あなたがたの(もの)

これらは第一、第二変化の形容詞と同じ変化をする。

1. 所有形容詞の用例

ὁ ἐμὸς καιρός わたしの時 (ヨハネ 7:8) = ὁ καιρὸς ὁ ἐμός

2. 所有代名詞の用例

[注] 後者の ἐμή が所有代名詞的用法。

ἡ ἐμὴ διδαχὴ οὐκ ἔστιν ἐμὴ ἀλλὰ τοῦ πέμψαντός με.
[訳] わたしの教えは、わたしのものではなく、わたしをつかわされた方のものである。(ヨハネ7:16)

§154 練習問題 (32)　次の5つの文を日本語に訳しましょう。 (練習問題の解答は巻末)

(1) σὺ ἁγιάζεις σεαυτόν.

(2) τί λέγει αὐτὸς περὶ ἑαυτοῦ;

(3) οὐκ ἔχετε ζωὴν αἰώνιον ἐν ἑαυτοῖς.

(4) ὁ πατὴρ μαρτυρεῖ περὶ ἐμαυτοῦ.

(5) καὶ δῶρα πέμψουσιν ἀλλήλοις. (黙示 11:10)

μαρτυρεῖ (3 単現 < μαρτυρέω, -ῶ 証しをする)

δῶρα (中複対 < δῶρον [< δίδωμι] 贈物, τό)

πέμψουσιν (3 複未 < πέμπω 送る)

第37課 名詞（母音変化と子音変化）

《 聖書の句 》

πᾶσα γραφὴ θεόπνευστος καὶ ὠφέλιμος πρὸς διδασκαλίαν.

パ〜サ　　グラフェー　　　　せオプネーウストス　　カィ　　オーふぇリモス　　プロス　　　　ディダスカリアン

聖書はすべて神によって吹き出されたもので、教えに有益である。(IIテモテ 3:16)

§155　語幹が α（アルファ）および子音で終わる名詞の変化

NOTES

数	格	［女性］ ἡ γραφή 書物 γραφα-	［中性］ τὸ ὄνομα 名前 ὀνοματ-	［中性］ τὸ γένος 子孫 γενεσ-
単数	［主・呼格］	ἡ γραφή	τὸ ὄνομα	τὸ γένος
	［属格］	τῆς γραφῆς	τοῦ ὀνόματος	τοῦ γένους
	［与格］	τῇ γραφῇ	τῷ ὀνόματι	τῷ γένει
	［対格］	τὴν γραφήν	τὸ ὄνομα	τὸ γένος
複数	［主・呼格］	αἱ γραφαί	τὰ ὀνόματα	τὰ γένη
	［属格］	τῶν γραφῶν	τῶν ὀνομάτων	τῶν γενῶν
	［与格］	ταῖς γραφαῖς	τοῖς ὀνόμασι	τοῖς γένεσι
	［対格］	τὰς γραφάς	τὰ ὀνόματα	τὰ γένη

1. **πᾶσα γραφὴ θεόπνευστος καὶ ὠφέλιμος πρὸς διδασκαλίαν.**

　　［訳］ 聖書はすべて神によって吹き出されたもので、教えに有益である。(IIテモテ 3:16)

［注］ γραφή の後に ἐστί(ν) が省かれていると解せる。文型は **S+V+C** である。

2. **καλέσεις τὸ ὄνομα αὐτοῦ Ἰησοῦν.**

　　［訳］ あなたはあなたは彼の名をイエスと呼びなさい。(マタイ 1:21)

　　［注］ この未来形は主の使いによる命令である。文型は、**A** が **B** を **C** と呼ぶので、**S+V+O+C** である。**O** と **C** とはイコールの関係にあるので、**O** が対格であるから **C** も対格。

3. **ἐγώ εἰμι ἡ ῥίζα καὶ τὸ γένος Δαυίδ.**

　　［訳］ わたしはダビデの根であり、子孫である。(黙示 22:16)

　　［注］ この文型は **S+V+C** である。

4. **ἡ γραφὴ λέγει ὅτι ὁ θεὸς ἀγάπη ἐστίν.**

　　［訳］ 聖書は「神は愛である」といっている。([参] Iヨハネ 4:8)

　　［注］ 文型としては全体では **S+V+O** で、接続詞 ὅτι (英語 that- clause) の中は **S+V+C** である。

5. ἐάν τι αἰτήσητέ με ἐν τῷ ὀνόματί μου, ἐγὼ ποιήσω.

[訳] もし何事でもあなたがたがわたしに、わたしの名によって求めるならば、わたしはそれをかなえてあげる。(ヨハネ 14:14)

[注] 未来の条件文で仮定を表す従属文 ἐάν (もし…ならば) を用いるばあいは、接続法を用いて主文につなげる。現在接続法は、継続的働きを、不定過去は一時的働きを示す。ここでは αἰτήσητέ は αἰτέω (求める) の第一不定過去接続法2人称複数であるから、(あなたがたはいま) 求める (ならば) になる。

この文は ἐάν (もし〜ならば) という従属接続詞ではじまる従節が副詞的にその後の主節にかかる、いわゆる複文 (**Complex Sentence**) である。αἰτέω はここでは με (私) に対して τι (何か) を求めるので文型は第4文型となる。意味上は私に対して何かを求めるので、「私に」が間接目的語で、「何事でも」が直接目的語でぴったり当てはまる。しかし問題は με の格が与格 (μοι) でなく、対格であることである。英語のばあいは **me** は与格 (間接目的語) にも対格 (直接目的語) にも用いられるので、**if you ask me anything** は第4文型となる。ギリシア語には与格 (μοι) があるにもかかわらず対格 (με) を使うのは、英語とギリシア語との用法の違いであって、こういうばあいは、われわれとしては用法の相違としてわきまえるべきなのである。ἐγὼ ποιήσω は外見上は、主語と動詞だけであるから第1文型であり、内容的にはその願いをかなえてやるという意である。

§156　練習問題 (33)　次の5つの文を日本語に訳しましょう。 (練習問題の解答は巻末)

(1) οἴδαμεν ὅτι πᾶσα γραφή ἐστιν θεόπνευστος.

(2) ἐγὼ καλέσω τὸ ὄνομα αὐτοῦ Ἰησοῦν.

(3) Ἰωσὴφ ἐστιν τὸ γένος Δαυίδ.

(4) ἡ γραφὴ λέγει ὅτι ὁ θεὸς εἷς ἐστιν. [参] ガラテヤ 3:20

(5) ὅ τι ἂν αἰτήσητε ἐν τῷ ὀνόματί μου, τοῦτο ποιήσω. (ヨハネ 14:13)

οἴδαμεν ὅτι...　わたしたちは〜ということを知っている

ὅ τι ἂν　〜ところのものは何でも (whatever)、ὅ が関係代名詞で、τι (**anything**) が先行詞、ἂν は強めのしるし

αἰτήσητε (一過接2複< αἰτέω 求める)「(あなたがたが) 求める」

πᾶσα γραφὴ θεόπνευστος καὶ
ὠφέλιμος πρὸς διδασκαλίαν.

第38課 特別動詞

《 聖書の句 》

τιμῶ τὸν πατέρα μου.

ティモ〜　　トン　　パテラ　　ムー

わたしはわたしの父を敬っている。(ヨハネ 8:49)

§157　μι 動詞

動詞には -ω で終わるもののほかに -μι で終わるものがある。これを μι 動詞という。εἰμί([で]ある)や δίδωμι(与える)などがそれである。

		δίδωμι 与える	τίθημι 置く	ἵστημι 立たせる
語　幹		δο	θε	στα
単数	1人称	δίδωμι	τίθημι	ἵστημι
	2人称	δίδως	τίθης	ἵστης
	3人称	δίδωσι(ν)	τίθησι(ν)	ἵστησι(ν)
複数	1人称	δίδομεν	τίθεμεν	ἵσταμεν
	2人称	δίδοτε	τίθετε	ἵστατε
	3人称	διδόασι(ν)	τιθέασι(ν)	ἱστᾶσι(ν)

μι 動詞の能動現在直説法の活用

1. ἐγώ εἰμι δοῦλος.
   [訳] わたしはしもべである。

2. ἐγὼ δίδωμι ὑμῖν εἰρήνην.
   [訳] わたしはあなたがたに平安を与える。

§158　約音動詞

τιμάω(重んじる)の ά+ω が約音して τιμῶ となる。φιλέω(愛する)の έ+ω が約音して(いっしょになって)φιλῶ となる。δηλόω(明らかにする)の ό + ω が約音して δηλῶ となる。

1. ἐγὼ φιλῶ σε.
   [訳] わたしはあなたを愛している。

2. τιμῶ τὸν πατέρα μου.
   [訳] わたしはわたしの父を敬っている。(ヨハネ 8:49)

3. ὁ δοῦλος δηλοῖ (<δηλόω, -ῶ) αὐτό.
   [訳] そのしもべはそれを明らかにする。

§159　流音動詞

語幹が流音 λ, μ, ν, ρ（μ, ν は鼻音ともいう）で終わる動詞は未来のしるしの σ がつかないで、その代わりに母音字 ε がつく。

語　幹	λύω σε.	[現在形] わたしはあなたを解放する。
λύ-	λύσω σε.	[未来形] わたしはあなたを解放するであろう。
語　幹	κρίνω σε.	[現在形] わたしはあなたをさばく。
κρίν-	κρινῶ (<κριν-έ-ω) σε.	[未来形] わたしはあなたをさばくであろう。

κρίνω（語幹 κριν-）（さばく）の直説法能動未来の活用		
単数	1 人称	κρινῶ (κριν-έ-ω)
	2 人称	κρινεῖς (κριν-έ-εις)
	3 人称	κρινεῖ (κριν-έ-ει)
複数	1 人称	κρινοῦμεν (κριν-έ-ομεν)
	2 人称	κρινεῖτε (κριν-έ-ετε)
	3 人称	κρινοῦσι (κριν-έ-ουσι)

κρίνω [クリーノー]

κρινῶ [クリノ～]

未来のしるしの σ がつかないで、その代わりに、母音字 ε がつく。この ε が連尾母音 ο または ε と結合して約音が起り、ε+ω＝ω; ε+ο, ου＝ου, ε+ε, ει＝ει になる。

§160　練習問題 (34)　次の 5 つの文を日本語に訳しましょう。 （練習問題の解答は巻末）

(1) ἐγὼ δίδωμί σοι ὕδωρ ζῶν. [注]-μί のアクセントについては [参照] §111 の (1)

(2) ἐγὼ δίδωμι αὐτῷ εἰρήνην.

(3) ἐγὼ φιλῶ τὸν πατέρα μου.

(4) τί κρίνεις με ;

(5) ὁ θεὸς κρινεῖ σε.

ὕδωρ, τό	水

ζῶν　生きている （ζάω [生きている] の現在分詞 [中単対]）

ὕδωρ ζῶν　生きている水（これは溜り水に対して流水のこと。ヨハネ 4.11 では「生ける水」は比ゆ的に「永遠のいのち」を意味する）

εἰρήνην は εἰρήνη, ἡ （平安）の対格で「平安を」

 τιμῶ τὸν πατέρα μου.

第39課 形容詞（母音変化と子音変化）

《 聖書の句 》

τοῖς ἀγαπῶσιν τὸν θεὸν πάντα συνεργεῖ ὁ θεὸς εἰς ἀγαθόν.

トィス　　アガポ〜スィン　トン　　セオン　　パンタ　　スュネルゲィ　ホ　　セオス　　エィス　　アガそン

神は、神を愛する者たちの益のためにすべてのことをあい働かせる。（ローマ 8:28）

§161　形容詞の子音変化

　形容詞の母音変化の第一変化と第二変化は第11課形容詞を参照。

子音変化の形容詞は、語幹が次のように -ες と -ον で終わる。

語　幹		ἀληθής 真の		ἄφρων 愚かな	
		ἀληθεσ-		ἀφρον-	
数	格	[男性・女性]	[中性]	[男性・女性]	[中性]
単数	[主 格]	ἀληθής	ἀληθές	ἄφρων	ἄφρον
	[属 格]	ἀληθοῦς	ἀληθοῦς	ἄφρονος	ἄφρονος
	[与 格]	ἀληθεῖ	ἀληθεῖ	ἄφρονι	ἄφρονι
	[対 格]	ἀληθῆ	ἀληθές	ἄφρονα	ἄφρον
	[呼 格]	ἀληθές	ἀληθές	ἄφρον	ἄφρον
複数	[主・呼格]	ἀληθεῖς	ἀληθῆ	ἄφρονες	ἄφρονα
	[属 格]	ἀληθῶν	ἀληθῶν	ἀφρόνων	ἀφρόνων
	[与 格]	ἀληθέσι(ν)	ἀληθέσι(ν)	ἄφροσι(ν)	ἄφροσι(ν)
	[対 格]	ἀληθεῖς	ἀληθῆ	ἄφρονας	ἄφρονα

§162 不規則変化の形容詞 πᾶς (すべての) の変化

数	格	[男性]	[女性]	[中性]
単数	[主 格]	πᾶς	πᾶσα	πᾶν
	[属 格]	παντός	πάσης [パーセース]	παντός
	[与 格]	παντί	πάσῃ [パーセー]	παντί
	[対 格]	πάντα	πᾶσαν	πᾶν
	[呼 格]	πᾶς	πᾶσα	πᾶν
複数	[主 格]	πάντες	πᾶσαι	πάντα
	[属 格]	πάντων	πασῶν [パーソーン]	πάντων
	[与 格]	πᾶσι(ν)	πάσαις [パーサイス]	πᾶσι(ν)
	[対 格]	πάντας	πάσας [パーサース]	πάντα
	[呼 格]	πάντες	πᾶσαι	πάντα

[注] πᾶς は最も多く用いられる形容詞で、その変化は女性では第一変化、男性と中性では第三変化である。名詞としても用いられる。

§163 πολύς (多くの) と μέγας (大きな) の変化

	語 幹	πολυ- πολλο-			μεγα- μεγαλο-		
数	格	[男性]	[女性]	[中性]	[男性]	[女性]	[中性]
単数	[主 格]	πολύς	πολλή	πολύ	μέγας	μεγάλη	μέγα
	[属 格]	πολλοῦ	πολλῆς	πολλοῦ	μεγάλου	μεγάλης	μεγάλου
	[与 格]	πολλῷ	πολλῇ	πολλῷ	μεγάλῳ	μεγάλῃ	μεγάλῳ
	[対 格]	πολύν	πολλήν	πολύ	μέγαν	μεγάλην	μέγα
	[呼 格]				μεγάλε	μεγάλη	μέγα
複数	[主・呼格]	πολλοί	πολλαί	πολλά	μεγάλοι	μεγάλαι	μεγάλα
	[属 格]	πολλῶν	πολλῶν	πολλῶν	μεγάλων	μεγάλων	μεγάλων
	[与 格]	πολλοῖς	πολλαῖς	πολλοῖς	μεγάλοις	μεγάλαις	μεγάλοις
	[対 格]	πολλούς	πολλάς	πολλά	μεγάλους	μεγάλας	μεγάλα

1. πολύς と μέγας は語幹が２つあり、その変化はやや不規則である。
   大体第一、第二変化の形容詞に準じて変化する。しかし男性と中性の
   単数の主格、対格は第三変化である。

2. πολύς には単数の呼格形はない。

§164　[例文]

1. διδάσκαλε, οἴδαμεν ὅτι ἀληθὴς εἶ.
   [訳]　先生、わたしたちはあなたが真実なかたであることを知っています。
   （マタイ 22:16）

2. σὺ εἶ οὐκ ἄφρων.
   [訳]　あなたは愚かでない。

3. πᾶσα γραφὴ θεόπνευστος.
   [訳]　聖書はすべて神の霊によるものである。（Ⅱテモテ 3:16）

4. τοῖς ἀγαπῶσιν τὸν θεὸν πάντα συνεργεῖ ὁ θεὸς εἰς ἀγαθόν.
   [訳]　神は、神を愛する者たちの益のためにすべてのことをあい働かせる。
   （ローマ 8:28）

5. ὁ μισθὸς ὑμῶν πολὺς ἐν τοῖς οὐρανοῖς.
   [訳]　あなたがたの報いは天において多い。（マタイ 5:12）

6. σεισμὸς μέγας ἐγένετο.
   [訳]　大きな地震が起こった。（黙示 6:12）

§165　**練習問題 (35)**　次の５つの文を日本語に訳しましょう。　（練習問題の解答は巻末）

(1) ἡ μαρτυρία σου οὐκ ἔστιν ἀληθής.　（ヨハネ 8:13）

(2) οἴδαμεν ὅτι πᾶσα γραφή ἐστιν θεόπνευστος.

(3) πάντα συνεργεῖ ὁ θεὸς εἰς τὸ ἀγαθὸν αὐτῶν.

(4) ἰδοὺ ὄχλος πολύς.（黙示 7:9）

(5) οὗτός ἐστιν ὁ μέγας προφήτης.

τοῖς ἀγαπῶσιν τὸν θεὸν πάντα
συνεργεῖ ὁ θεὸς εἰς ἀγαθόν.

霊と魂と永遠のいのち

　人間の πνεῦμα（霊）は、神と人格的に交わる能力で、神のかたちに造られた人間にだけ与えられているものである。

　人間の ψυχή［プスゅーけー］（魂）は人間を身体的に生かしているもので、思考し、感じ、志し、行動する主体で、動物にも備わっている。これを研究するのが心理学（psychology ［< ψυχή + λόγος］）である。

　ζωή（いのち）は肉的な生命の意味にも用いられるが、とくに「永遠のいのち」の意味で用いられる。これはギリシア思想のいわゆる霊魂不滅というただ霊魂が無時間的に永続するというのでなく、この世で神の子として神の恵みのうちに生き、やがて栄光のからだが与えられて天国で主イエス・キリストとともに生きることである。

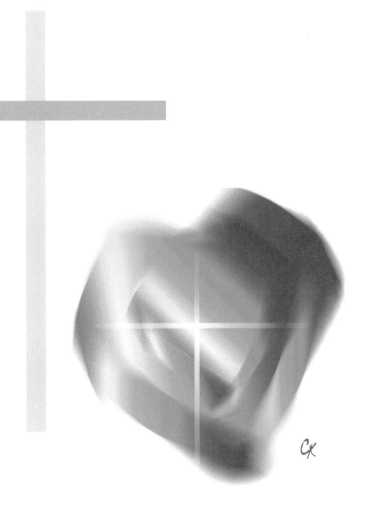

第40課　音韻関係

《 聖書の句 》

Κἀγὼ ὑμῖν λέγω, αἰτεῖτε καὶ δοθήσεται ὑμῖν.

カーゴー　　ヒューミ〜ン　**れ**ゴー　　　アィ**ティ**テ　　カィ　　　　ド**せー**セタィ　　ヒューミ〜ン

そしてわたしはあなたがたに言う。求めなさい。そうすればあなたがたに与えられるであろう。(ルカ 11:9)

§166　分節 (Diaeresis)

NOTES

デルベ人ガイオ (Γάϊος [使徒 20:4]) の Γάϊ の発音は [**ガ**・イ] であって Γαί [**ガ**ィ] のように一つの音の流れ [わたり **Glide**] としての二重母音ではない。ギリシア文字 ι が発音上前の α から独立しているのである。このように母音が 2 つ連続するばあいに、後者は前の母音 (一つの音節 [音のまとまり]) から分けて発音する音節なので、分節 (英語で **diaeresis** [ディ**エ**ラスィス]) という。ベッサイダという町の名 (ルカ 9:10) Βηθσαϊδά の ï も分節である。

§167　約音 (Contraction)

これは同一の単語の内で 2 つの母音 (複母音を含む) がつづまって一つ母音となることである。[用例] φιλέω → φιλῶ (愛する)　。下の表はその一部である。

α +	ο, ου, ω → ω 〔オー〕	ε +	ω → ω	ο +	ω → ω
	ει → α 〔アー〕		ο, ου → ου		ο, ε, ου → ου
	ε → α 〔アー〕		ε, ει → ει		ει → οι
	η → α 〔アー〕		η → η		η → ω
	η → α 〔アー〕		η → η		η → οι

§168　省音 (Elision)

母音で始まる語に先行する語の最後の短母音を省略し、そこに省略記号 (**Apostrophe**) をつける。

ἐπ᾽ ἄρχοντα (ἐπί + [対] ～の所へ; ἄρχοντα [男単対] < ἄρχων, ὁ 役人)
「役人のところへ (**to a ruler**)」(ルカ 12:58)

1. ἀπὸ αὐτοῦ → ἀπ᾽ αὐτοῦ　彼から
   διὰ αὐτοῦ → δι᾽ αὐτοῦ　彼を通して
   ὑπὸ αὐτοῦ → ὑπ᾽ αὐτοῦ　彼によって

2. ἐπὶ ἑαυτοῦ → ἐφ᾽ ἑαυτοῦ

   彼自身について (II コリント 10:7)

   κατὰ ἡμέραν → καθ᾽ ἡμέραν

   [カₛヘーメラーン] 日ごとに (使徒 16:5)

有気息記号 (῾) の前では無声音 (π, τ) は帯気音になる。　π → φ, τ → θ
[比較] κατὰ οἶκον → κατ᾽ οἶκον (家ごとに)(使徒 2:46) であって
καθ᾽ οἶκον ではない。

§169　融音 (Crasis)

2 語間で約音が行なわれ、1 語のようになる現象を融音という。融音した所に付ける [᾽] を融音記号 (**Coronis**) という。

1. καὶ ἐγώ → κἀγώ [カーゴー] そこで私は

   κἀγὼ ὑμῖν λέγω

   [訳] 「そこでわたしはあなたがたに言う」(ルカ 11:9)

2. τὸ ὄνομα → τοὔνομα [ₜウーノマ] その名前

   τοὔνομα Ἰωσσήφ

   [訳] 「その名前はヨセフ」(マタイ 27:57)

1. では αι + ε が α [アー]、2. では ὀ + ὄ が οὔ [ウー] となる現象を融音という。

Κἀγὼ ὑμῖν λέγω, αἰτεῖτε καὶ δοθήσεται ὑμῖν.

§170　練習問題 (36)　次の 10 個の文を日本語に訳しましょう。（練習問題の解答は巻末）

(1) ὁ Γάϊός ἐστιν Δερβαῖος. ([参考] 使徒 20:4)

(2) ἦν δὲ ὁ Φίλιππος ἀπὸ Βηθσαϊδά. (ヨハネ 1:44)

(3) τίς ἐστιν οὗτος ὃς λαλεῖ βλασφημίας ; (ルカ 5:21)

(4) τιμῶ τὸν πατέρα μου. (ヨハネ 8:49)

(5) καὶ ἐβαπτίζοντο ὑπ’ αὐτοῦ ἐν τῷ Ἰορδάνῃ ποταμῷ. (マルコ 1:5)

(6) πάντα δι’ αὐτοῦ ἐγένετο. (ヨハネ 1:3)

(7) Κἀγὼ ὑμῖν λέγω, αἰτεῖτε καὶ δοθήσεται ὑμῖν. (ルカ 11:9)

(8) ἦλθεν ἄνθρωπος πλούσιος ἀπὸ Ἀριμαθαίας, τοὔνομα Ἰωσήφ. (マタイ 27:57)

(9) ὁ θεὸς ἀγάπη ἐστίν. (Ⅰ ヨハネ 4:8)

(10) οὕτως γὰρ ἠγάπησεν ὁ θεὸς τὸν κόσμον, ὥστε τὸν υἱὸν τὸν μονογενῆ ἔδωκεν, ἵνα πᾶς ὁ πιστεύων εἰς αὐτὸν μὴ ἀπόληται ἀλλ’ἔχῃ ζωὴν αἰώνιον. (ヨハネ 3:16)

βλασφημίας （女複対 < βλασφημία [ブらスふエーミアー], ἡ　神を汚すことば）

μονογενῆ （男単対 < μονογενής　ひとりだけ生まれた）

αἰτεῖτε （2 複現命 < αἰτέω　求める）

ὑμῖν （二複与 < ὑμεῖς　あなたがたは）

δοθήσεται （it will be given. 受直 3 単未 < δίδωμι　与える）

οὕτως **A + C** と ὥστε **A + B** との関係は、**A** が **B** を与えるほどまでに (ὥστε)、それほどまでに (οὕτως) **A** は **C** を愛した。ここで **B** とは（神の）ひとり子 (μονογενῆ < μονογενής: μονο＝ただ（唯）ひとり; γενής＝生れた)、その息子 (τὸν υἱὸν) のことで、神はその子をぎせいにするほどまでにこの世のわたくしたちを愛されたというのである。それは **B**（御子キリスト・イエス）を信じるすべての者が、滅びないで永遠のいのちを得るため (ἵνα) であるということである。ここに「滅びないで (μὴ ἀπόληται)」とある ἀπόληται （中二過接 3 単 < ἀπόλλυμι [アポるりゅーミ]（永遠に）滅びる）は、信じなければ亡びるという「但し書き」に相当するものである。

復活のキリスト

「私の福音に言うとおり、ダビデの子孫として生まれ、死者の中からよみがえったイエス・キリストを、いつも思っていなさい。」（Ⅱテモテ2：8）

　ここで「（死者の中から）よみがえった［ἐγηγερμένον］」は受動態完了分詞で、「よみがえらされてしまって、その結果今もなお生きておられる」の意である。

（黙示録 1:18 参照）

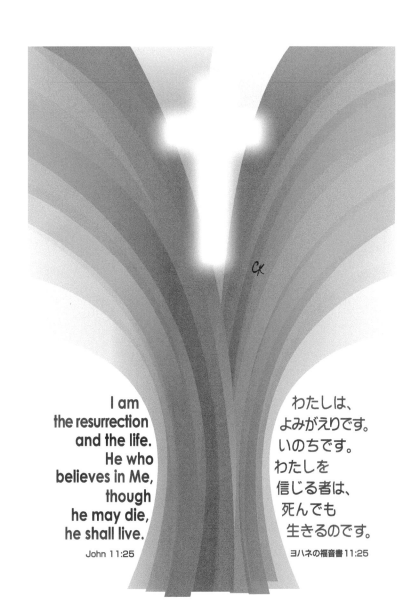

I am
the resurrection
and the life.
He who
believes in Me,
though
he may die,
he shall live.

John 11:25

わたしは、
よみがえりです。
いのちです。
わたしを
信じる者は、
死んでも
生きるのです。

ヨハネの福音書11:25

§4 練習問題 (1)　次の5つの文を日本語に訳してみましょう。

(1) ἐγώ εἰμι ὁ θεός.

　　(1) わたしは神である。(イザヤ 45:22 [ギリシア語訳旧約聖書 LXX])

(2) ἐγώ εἰμι ὁ κύριος.

　　(2) わたしは主 (または主人) である。

(3) ἐγώ εἰμι ὁ χριστός.

　　(3) 私こそキリストだ (である)。(マタイ 24:5)

(4) ἐγώ εἰμι ὁ ἄρτος.

　　(4) わたしは (天から下ってきた) パンである。(ヨハネ 6:41)

(5) ἐγώ εἰμι ὁ ἄνθρωπος.

　　(5) 私はその (例の) 人です。

§7 練習問題 (2)　次の5つの文を日本語に訳してみましょう。

(1) ἐγώ εἰμι ἡ ὁδός.

　　(1) わたしは道である。(ヨハネ 14:6)

(2) ἐγώ εἰμι ἡ ἀλήθεια.

　　(2) わたしが真理である。(ヨハネ 14:6)

(3) ἐγώ εἰμι ἡ ζωή.

　　(3) わたしはいのちである。(ヨハネ 14:6)

(4) ἐγώ εἰμι ἡ θύρα.

　　(4) わたしは門である。(ヨハネ 10:9)

(5) ἐγώ εἰμι ἡ ἀνάστασις καὶ ἡ ζωή.

　　(5) わたしは、よみがえりであり、いのちである。(ヨハネ 11:25)

§15 練習問題 (3)

(イ) 次のギリシア語を音読し、日本語に訳しましょう。

(1) ἔχω.

　(1) 私は持つ。

(2) λέγεις.

　(2) あなたは言う。

(3) ἀκούει.

　(3) 彼は聞く。

(4) γινώσκομεν.

　(4) 私たちは知る。

(5) θέλετε.

　(5) あなたがたは欲する。

(6) λαμβάνουσι.

　(6) 彼らは取る。

(7) πιστεύω.

　(7) 私は信じる。

(8) γράφει.

　(8) 彼は書く。

(9) ἐσθίετε.

　(9) あなたがたは食べる。

(10) εὑρίσκομεν.

　(10) 私たちは発見する。

(ロ) 次の日本語の下線部の動詞をギリシア語に訳しましょう。

(1) 私は聞く。

　　(1) ἀκούω.

(2) あなたは信じる。

　　(2) πιστεύεις.

(3) 彼は書く。

　　(3) γράφει.

(4) 私たちは持つ。

　　(4) ἔχομεν.

(5) あなたがたは言う。

　　(5) λέγετε.

(6) 彼らは知る。

　　(6) γινώσκουσι.

§22 練習問題 (4)　次の5つの文を日本語に訳してみましょう。

(1) σὺ εἶ ἀπόστολος.

(1) あなたは使徒である。

(2) αὐτός ἐστιν ὁ δοῦλος Χριστοῦ.

(2) 彼はキリストのしもべである。

(3) ἐγώ εἰμι ἡ ἄμπελος. (ヨハネ 15.5)

(3) わたしはぶどうの木である。

(4) Ὑμεῖς ἐστε τὸ φῶς τοῦ κόσμου. (マタイ 5.14)

(4) あなたがたは世の光である。

(5) ὁ ἀπόστολος λέγει τῷ δούλῳ τὸν λόγον τοῦ θεοῦ.

(5) その使徒はそのしもべに神のことばを語る

§25 練習問題 (5)　次の5つの文を日本語に訳してみましょう。

(1) ὁ προφήτης λέγει.

(1) その預言者は語る。

(2) ἐγώ εἰμι ὁ προφήτης.

(2) 私はその預言者である。

(3) ἐγὼ λέγω τὸν λόγον τοῦ θεοῦ.

(3) 私は神のことばを語る。

(4) ἐγὼ λέγω τῷ τέκνῳ αὐτοῦ τὸν λόγον τοῦ θεοῦ.

(4) 私は彼の子に神のことばを語る。

(5) τὸ τέκνον αὐτοῦ λέγει τοῖς ἀνθρώποις τὸν λόγον τοῦ θεοῦ.

(5) 彼の子はその人々に神のことばを語る。

§28 練習問題 (6)　次の5つの文を日本語に訳してみましょう。

(1) ἡ ἐπιστολὴ ἡμῶν ὑμεῖς ἐστε. (IIコリント 3:2)

(1) あなたがたは私たちの手紙である。

(2) ὁ πατήρ μου ὁ γεωργός ἐστιν. (ヨハネ 15:1)

(2) 私の父は農夫である。

(3) ὁ κύριος λέγει αὐτῷ ἀλήθειαν.

(3) 主は彼に真理を言う。

(4) αὐτὴ ἡ ἐκκλησία τὸ σῶμα αὐτοῦ ἐστιν.

(4) 教会自体は彼のからだである。

(5) αὐτός ἐστιν ὁ αὐτὸς ἀνήρ.

(5) 彼は同じ人である。

§30 練習問題 (7) 次の5つの文を日本語に訳してみましょう。

(1) ἐγώ εἰμι ὁ χριστός. (マタイ24:5)

(1) わたしこそキリストである。

(2) σὺ εἶ ὁ υἱὸς τοῦ θεοῦ.

(2) あなたは神の子である。

(3) ἡμεῖς ἐσμεν ναὸς θεοῦ. ([参] Ⅱコリント6:16)

(3) 私たちは神の宮である。

(4) Ὑμεῖς ἐστε τὸ φῶς τοῦ κόσμου. (マタイ5:14)

(4) あなたがたは世の光である。

(5) ἐγὼ καὶ ὁ πατὴρ ἕν ἐσμεν. (ヨハネ10:30)

(5) わたしと父とは一つである。

§34 練習問題 (8) 次の6つの文を日本語に訳してみましょう。

(1) αὐτός ἐστιν ὁ ἀγαθὸς ἄνθρωπος.

(1) 彼は良い人である。

(2) ἡ γλῶσσά ἐστιν κακή;

(2) 舌は悪いか。

(3) καλὸν τὸ δένδρον.

(3) その木はよい。

(4) ἐγώ εἰμι ὁ ποιμὴν ὁ καλός. (ヨハネ10:11)

(4) わたしはよい羊飼いである。

(5) σὺ εἶ ὁ ἅγιος τοῦ θεοῦ. (ヨハネ6:69)

(5) あなたは神の聖者である。

(6) ἡ γλῶσσα πῦρ. (ヤコブ3:6)

(6) 舌は火である。

§38 練習問題 (9) 次の6つの文を日本語に訳してみましょう。

(1) οὗτός ἐστιν ὁ οἶκος αὐτοῦ.

(1) これは彼の家である。

(2) αὕτη ἐστὶν ἡ μαρτυρία τοῦ θεοῦ. (Ⅰヨハネ5:9)

(2) これは神のあかしである。

(3) τοῦτό ἐστιν τὸ σῶμά μου. (マタイ26:26)

(3) これはわたしのからだである。

(4) ἐκεῖνός ἐστιν ὁ υἱός μου.

(4) あの人は私の息子である。

(5) τοῦτό ἐστιν τὸ αἷμά μου. (マルコ14:24)

(5) これはわたしの血である。

(6) οὗτός ἐστιν ὁ ἀληθινὸς θεός.

(6) この方は真実な神である。

§42 練習問題 (10)　次の５つの文を日本語に訳してみましょう。

(1) ἡμεῖς ἐκ τοῦ θεοῦ ἐσμεν. (Ⅰヨハネ 4:6)

(1) 私たちは神から出た者である。

(2) ἡ ἀλήθεια οὐκ ἔστιν ἐν ἡμῖν. (Ⅰヨハネ 1:8)

(2) 私たちのうちに真理はない。

(3) ὑπάγω καὶ ἔρχομαι πρὸς ὑμᾶς. (ヨハネ 14:28)

(3) わたしは去って行くが、またあなたがたのところに帰って来る。

(4) Οὐκ ἔστιν μαθητὴς ὑπὲρ τὸν διδάσκαλον.

(4) 弟子は師以上の (にまさる) 者ではない。

(5) ὁ λόγος ἦν πρὸς τὸν θεόν. (ヨハネ 1:1)

(5) ことばは神と向い合っていた。

§47 練習問題 (11)　次の 11 つの文を日本語に訳してみましょう。

(1) τίς εἶ, κύριε; (使徒 9:5)

(1) 主よ、あなたはどなたですか。

(2) περὶ τίνος ὁ προφήτης λέγει τοῦτο; (使徒 8:34)

(2) その預言者はだれについてこう言っているのか。

(3) τίνος υἱός ἐστιν;

(3) 彼は誰の息子ですか。

(4) τίνι λέγεις αὐτό;

(4) あなたはそれを誰に言うのか。

(5) τίνα ἔχει;

(5) 彼は何を持っているのか。

(6) τί λέγει ἡ γραφή; (ガラテヤ 4:30)

(6) 聖書は何と言っているか。

(7) εἴ τις ἐν Χριστῷ, καινὴ κτίσις. (Ⅱコリント 5:17)

(7) だれでもキリストのうちにあるなら、(その人は) 新しく造られた者 (←新しい被造物) (である)。

(8) ἄνθρωπός τις γινώσκει ταῦτα.

(8) ある人はこれらのことを知っている。

(9) τί με λέγεις ἀγαθόν; (マルコ 10:18)

(9) なぜ、わたしを「良い」と言うのか。

(10) τίνα ζητεῖς; (ヨハネ 20:15)

(10) あなたはだれをさがしているのか。

(11) τινὲς αὐτῶν πιστεύουσι εἰς Χριστόν.

(11) 彼らのうちのある人々はキリストを信じている。

§50 練習問題 (12)　次の5つの文を日本語に訳してみましょう。

(1) Πέτρος ἔρχεται.

(1) ペテロが来る。

(2) Ἰάκωβός ἐστιν ἀπόστολος.

(2) ヤコブは使徒である。

(3) Μαρία λέγει ἀλήθειαν.

(3) マリヤは真理を語る。

(4) Φίλιππος λέγει μοι ἀλήθειαν.

(4) ピリポは私に真理を語る。

(5) Ἀνδρέας λέγει σε ἀγαθόν.

(5) アンデレはあなたが善良であると言う。

§53 練習問題 (13)　次の6つの文を日本語に訳してみましょう。

(1) ὁ ἄνθρωπος ὃς ὑπάγει ἐστὶν ἀπόστολος.

(1) 出かけるその人は使徒である。

(2) ὁ ἄνθρωπος οὗ ἀναγινώσκω τὴν ἐπιστολή ἐστιν ὁ ἀπόστολος.

(2) 私がその人の手紙を読んでいるその人はかの使徒である。

(3) ὁ ἄνθρωπος ᾧ ποιῶ ταῦτα προφήτης ἐστίν.

(3) 私がその人にこれらのことをしているその人は預言者である。

(4) ὁ προφήτης ὃν ὁ δοῦλος φιλεῖ Ἠλίας ἐστίν.

(4) そのしもべが愛しているその預言者はエリヤである。

(5) ὁ ἱερεὺς ὃν Μαρία γινώσκει ἐστιν Ζαχαρίας.

(5) マリヤが知っているその祭司はザカリヤである。

(6) ἡ γυνὴ ἣν αὐτὴ φιλεῖ ἐστιν Μαρία.

(6) 彼女が愛しているその婦人はマリヤである。

§60 練習問題 (14)　次の5つの文を日本語に訳してみましょう。

(1) ὁ κύριος διδάσκει τὸν δοῦλον.

(1) その主人はそのしもべに教える。

(2) ὁ λόγος τοῦ θεοῦ τηρεῖ τὸν κόσμον.

(2) 神のことばは宇宙を保持する。

(3) ὁ ἀπόστολος πέμπεται ὑπὸ τοῦ κυρίου.

(3) その使徒は主から送られる。

(4) οἱ δοῦλοι λύονται ὑπὸ τοῦ Χριστοῦ.

(4) そのしもべたちはキリストによって解放される。

(5) ἐκ τῆς Γαλιλαίας προφήτης οὐκ ἐγείρεται. (ヨハネ 7:52)

(5) ガリラヤからは預言者は起こされない。

§65 練習問題 (15)　次の 5 つの文を日本語に訳してみましょう。

(1) ἐγὼ ἐδίωκον τὴν ἐκκλησίαν τοῦ θεοῦ. (ガラテヤ 1:13)

　　　　　(1) 私は神の教会を迫害していた。

(2) ἐγώ εἰμι Ἰησοῦς ὃν σὺ διώκεις. (使徒 9:5)

　　　　　(2) わたしはあなたが迫害しているイエスである。

(3) αὐτοὶ ἤσθιον τὸν ἄρτον ἐκ τοῦ οὐρανοῦ.

　　　　　(3) 彼らは天からのパンを食べていた。

(4) ἐβαπτίζοντο ὑπ' αὐτοῦ ἐν τῷ Ἰορδάνῃ ποταμῷ. (マタイ 3:6)

　　　　　(4) 彼らはヨルダン川で彼からバプテスマされていた。

(5) ἐσῴζοντο τῷ λόγῳ τοῦ Χριστοῦ.

　　　　　(5) 彼らはキリストのことばによって (次から次へと) 救われていた。

§70 練習問題 (16)　次の 5 つの文を日本語に訳してみましょう。

(1) ὁ κύριος λύσει τοὺς δούλους.

　　　　　(1) 主人はそのしもべたちを解放するであろう。

(2) διδάσκαλε, ἀκολουθήσω σοι.

　　　　　(2) 先生、私はあなたに従います。

(3) αὐτὸς ὑμᾶς βαπτίσει.

　　　　　(3) 彼はあなたがたにバプテスマするであろう。

(4) λυθήσεται ὁ δοῦλος.

　　　　　(4) そのしもべは解放されるであろう。

(5) τοῦτο τὸ εὐαγγέλιον κηρυχθήσεται αὐτοῖς.

　　　　　(5) この福音は彼らに宣べ伝えられるであろう。

§77 練習問題 (17)　次の 5 つの文を日本語に訳してみましょう。

(1) ἐγώ εἰμι ἡ ἄμπελος ἡ ἀληθινή. (ヨハネ 15:1)

　　　　　(1) わたしはまことのぶどうの木である。

(2) ὁ λόγος ἦν πρὸς τὸν θεόν. (ヨハネ 1:1)

　　　　　(2) ことばは神と相対していた。

(3) κλέπτης ἦν. (ヨハネ 12:6)

　　　　　(3) 彼は盗人であった。

(4) οὗτος ἔσται μέγας. (ルカ 1:32)

　　　　　(4) この方は大いなる者になる (なるであろう)。

(5) ἔσεσθέ μου μάρτυρες. (使徒 1:8)

　　　　　(5) あなたがたはわたしの証人となる (なるであろう)。

§85 練習問題 (18)　次の5つの文を日本語に訳してみましょう。

(1) ἐπίστευσαν εἰς τὸν Χριστόν.

> (1) 彼らはキリストを信じた。

(2) ὁ βασιλεὺς ἀπέλυσεν αὐτοῖς τὸν δοῦλον.

> (2) その王は彼らにそのしもべを解放してやった。

(3) ὁ Χριστὸς ἔπαθεν ὑπὲρ ὑμῶν.

> (3) キリストはあなたがたに代って苦しんだ。

(4) οἱ δοῦλοι ἐλύθησαν ὑπὸ τοῦ κυρίου.

> (4) その奴隷たちはその主人によって解放された。

(5) ἐβαπτίσθητε ὑπὸ τοῦ ἀποστόλου.

> (5) あなたがたはその使徒によってバプテスマされた。

§93　練習問題 (19)　次の5つの文を日本語に訳してみましょう。

(1) ἐγὼ πεπίστευκα ὅτι σὺ εἶ ὁ χριστὸς ὁ υἱὸς τοῦ θεοῦ.

> (1) 私はあなたが神の子キリストであることを信じている（しまっている）。

(2) ὁ δοῦλος λέλυται ὑπὸ τοῦ ἀποστόλου.

> (2) そのしもべはその使徒によって解放されている（しまっている）。

(3) ὁ Παῦλος καὶ ὁ Βαρνάβας παρέθεντο αὐτοὺς τῷ κυρίῳ εἰς ὃν πεπιστεύκεισαν. [参照] 使徒 14.23

> (3) パウロとバルナバは彼らを彼らが信じている主にゆだねた。

(4) οἱ δοῦλοι λέλυντο ὑπὸ τοῦ κυρίου.

> (4) そのしもべたちは（その時すでに）主によって解放されていた。

(5) ἡ οἰκία οὐκ ἔπεσεν· τεθεμελίωτο γὰρ ἐπὶ τὴν πέτραν. [参照] マタイ 7.25

> (5) その家は倒壊しなかった。なぜなら（それは）岩の上に土台がすえられていたからである。

§99　練習問題 (20)　次の5つの文を日本語に訳してみましょう。

(1) νίπτομαι τοὺς πόδας.

> (1) 私は自分のために足（複数）を洗う。

(2) οὐ γὰρ νίπτονται τὰς χεῖρας. （マタイ 15:2）

> (2) 彼らは自分のために手を洗っていないから。

(3) αὐτὸς λούσεται τὸν ἵππον.

> (3) 彼は自分のために馬を洗う。

(4) ἐλύσατο τὸ ὑπόδημα.

> (4) 彼は自分のためにはいていたサンダルを脱いだ。

(5) ἀγορασόμεθα ἄρτους.

> (5) 私たちは自分たちのためにパンを買うであろう。

§102 練習問題 (21) 次の 6 つの文を日本語に訳してみましょう。

(1) ἔρχεται νύξ. (ヨハネ 9:4)

(1) 夜が来る。

(2) αὐτὸς ἐγεύσατο τὸ ὕδωρ.

(2) 彼はその水を味わった。

(3) ὁ Παῦλος εὐαγγελίσατο αὐτῷ τὸν Χριστόν.

(3) パウロは彼にキリストを宣べ伝えた。

(4) πάντα δι’ αὐτοῦ ἐγένετο. (ヨハネ 1:3)

(4) すべては彼によって生じた。

(5) ἐγὼ πρὸς τὸν πατέρα πορεύομαι. (ヨハネ 14:12)

(5) わたしは父のもとに行く。

(6) σεισμὸς μέγας ἐγένετο ἐν τῇ θαλάσσῃ. (マタイ 8:24)

(6) その湖に強烈な暴風が生じた。

§108 練習問題 (22) 次の 5 つの文を日本語に訳してみましょう。

(1) ὁ δῆμος ἐπιφωνεῖ.

(1) その群衆は叫ぶ。

(2) ὁ γεωργός ἐστιν ἀγαθὸς ἄνθρωπος.

(2) その農夫は善良な人である。

(3) ὁ ἀδελφός σου λαμβάνει ἄρτον.

(3) あなたの兄弟はパンを取る。

(4) οἱ δοῦλοι λέγουσι μοι ἀλήθειαν.

(4) そのしもべたちは私にほんとうのこと（真理）を言う。

(5) ὁ πατήρ μου ποιεῖ αὐτὸν διδάσκαλον.

(5) 私の父は彼を教師にする。

§113 練習問題 (23) 次の 7 つの問いのアクセントが正しくついている文の記号を選びましょう。

(1) ㋑ ὁ θεὸς φῶς ἐστιν.　　　　㋺ ὁ θεὸς φῶς ἐστίν.

(2) ㋑ ὁ θεὸς φίλος ἐστιν.　　　㋺ ὁ θεὸς φίλος ἐστίν.

(3) ㋑ ὁ θεὸς δίκαιος ἐστίν.　　㋺ ὁ θεὸς δίκαιός ἐστιν.

(4) ㋑ ἐγώ εἰμι ὁ κύριος.　　　　㋺ ἐγώ εἰμι ὁ κύριος.

(5) ㋑ οὗτός ἐστιν ὁ νόμος.　　　㋺ οὗτος ἐστίν ὁ νόμος.

(6) ㋑ ἡμεῖς ἐσμέν διδάσκαλος καί μαθητής.　　㋺ ἡμεῖς ἐσμεν διδάσκαλος καί μαθητής.

(7) ㋑ ἐγὼ ἄνθρωπός εἰμι.　　　㋺ ἐγὼ ἄνθρωπος εἰμι.

§117　練習問題 (24)　次の 5 つの文を日本語に訳してみましょう。

(1) οὗτός ἐστιν ὁ βαπτίζων ἐν πνεύματι ἁγίῳ.（ヨハネ 1:33）

　　(1) この方は、聖霊によってバプテスマする者である。

(2) ὁ ἔχων τὸν υἱὸν ἔχει τὴν ζωήν.（Ⅰヨハネ 5:12）

　　(2) 御子を持つ者はいのちを持つ 。

(3) ὁ δοῦλος ὁ πιστεύων εἰς τὸν υἱὸν ἔχει ζωὴν αἰώνιον.

　　(3) 御子を信じるそのしもべは永遠のいのちを持っている 。

(4) λέγων ταῦτα ὁ ἀπόστλος βλέπει αὐτόν.

　　(4) その使徒は、これらのことを言いながら彼を見る。

(5) λέγοντος αὐτοῦ σὺ ἀκούεις.

　　(5) 彼が語るとき (けれども、ので)、あなたは聞く。

§119　練習問題 (25)　次の 6 つの文を日本語に訳してみましょう。

(1) θέλω βλέπειν τὴν οἰκίαν αὐτοῦ.

　　(1) 私は彼の家を見たい。

(2) ὁ δοῦλος ἔχει ὦτα ἀκούειν.

　　(2) そのしもべは聞く耳を持っている。

(3) ὁ ὄχλος ἔρχεται ἀκούειν τὸν λόγον τοῦ θεοῦ.

　　(3) その群衆は神のことばを聞きに来る 。

(4) τί πάλιν θέλετε ἀκούειν;（ヨハネ 9:27）

　　(4) なぜ再び聞きたいのか。

(5) κύριε, θέλομεν τὸν Ἰησοῦν ἰδεῖν.（ヨハネ 12:21）

　　(5) ご主さま。私たちはイエスにお目にかかりたいのです。

(6) ὁ Πέτρος εἶπεν τῷ Ἰησοῦ· κύριε, καλόν ἐστιν ἡμᾶς ὧδε εἶναι.（マタイ 17:4）

　　(6) ペテロはイエスに言った、「主よ。私たちがここにいることはよいことです。」

§125　練習問題 (26)　次の 5 つの文を日本語に訳してみましょう。

(1) πίστευε εἰς τὸν Χριστόν.

　　(1) キリストを信じていなさい。

(2) μὴ πιστεύετε εἰς τὸν ψευδοπροφήτην.

　　(2) あなたがたはその偽予言者を信じてはならない。

(3)v μόνον πίστευσον καὶ σωθήσεται.（ルカ 8:50）

　　(3) ただ信じなさい。そうすればその者は救われる (文脈からは、[すぐに] 助かる→
生き返れるの意。ルカ 8:50)。

(4) μὴ ταῦτα ποιήσῃς.

　　(4) そんなことをしてはいけない。

(5) ἀγαπὴσεις κύριον τὸν θεόν σου.

　　(5) あなたの神、主を愛せよ。

§133 練習問題 (27)　次の 6 つの文を日本語に訳してみましょう。

(1) πιστεύωμεν εἰς τὸν θεόν.

(1) 神を信じ続けよう。

(2) ἔρχονται ἵνα ακούωσιν.

(2) 彼らは (継続的に) 聞くために来る。

(3) ἐὰν λέγῃ τὴν ἀλήθειαν, πιστεύσετε αὐτῷ.

(3) もし彼が真理を言い続ければ、あなたがたは、彼を信じるでしょう。

(4) μὴ λύσῃς τὸν πῶλον.

(4) その子ろばをほどくな。

(5) οὐ μή λάβω κρέα εἰς τὸν αἰῶνα.

(5) 私は永久に断じて肉を得ることはしない。

(6) ἐάν τι αἰτήσητέ με ἐν τῷ ὀνόματί μου, ἐγὼ ποιήσω. (ヨハネ 14:14)

(6) あなたがたがわたしに何ごとでもわたしの名によって求めるならば、わたしは (それを) かなえてあげよう。

§138　練習問題 (28)　次の 5 つの文を日本語に訳してみましょう。

(1) εἰ υἱὸς εἶ τοῦ θεοῦ, βάλε σεαυτὸν κάτω. (マタイ 4:6)

(1) 神の子なら、飛び降りたらどうだ。

(2) τί οὖν βαπτίζεις εἰ σὺ οὐκ εἶ ὁ χριστός; (ヨハネ 1:25)

(2) なぜ、洗礼を授けるのですか。

(3) εἰ ἦς ὧδε, οὐκ ἂν ἀπέθανεν ὁ ἀδελφός μου. (ヨハネ 11:21)

(3) もしここにいてくださいましたら、私の兄弟は死ななかったでしょうに。

(4) εἰ ἔτι ἀνθρώποις ἤρεσκον, Χριστοῦ δοῦλος οὐκ ἂν ἤμην. (ガラテヤ 1:10)

(4) もし、今なお私が人の観心を買おうとしているなら、私はキリストの僕ではありません。

(5) εἰ γὰρ ἐξ ἡμῶν ἦσαν, μεμενήκεισαν ἂν μεθ' ἡμῶν. (I ヨハネ 2:19)

(5) 仲間なら、私たちのもとにとどまっていたことでしょう。

§140　練習問題 (29)　次の 5 つの文を日本語に訳してみましょう。

(1) ὁ θεὸς δῴη ὑμῖν εἰρήνην.

(1) どうか神があなたがたに平安を与えてくださるように。

(2) ὁ κύριος τῆς εἰρήνης δῴη ὑμῖν ταῦτα.

(2) どうか平和の主があなたがたにこれらのものを与えてくださるように。

(3) ὁ θεὸς δῴη σοι ἔλεος.

(3) どうか神があなたにあわれみを与えてくださるように。

(4) ὁ πατήρ μου δῴη ὑμῖν τὸν ἄρτον ἐκ τοῦ οὐρανοῦ τὸν ἀληθινόν. ([参] ヨハネ6:32)

(4) どうか私の父があなたがたに天からのまことのパンを与えてくださるように。

(5) ὁ Χριστὸς δῴη σοι χάριν μεγάλην.

(5) どうかキリストがあなたに大きな恵みを与えてくださるように。

§145　練習問題 (30)　次の5つの文を日本語に訳してみましょう。

(1) ὁ πατὴρ μείζων μού ἐστιν. (ヨハネ 14:28)

(1) 父はわたしより偉大である。

(2) ὁ δοῦλος σοφώτερός ἐστιν ἢ ἡ θυγάτηρ αὐτοῦ.

(2) そのしもべは彼の娘より賢い。

(3) ὁ μαθητὴς τάχιον τοῦ υἱοῦ τρέχει.

(3) その弟子はその息子より速く走る。

(4) ἐγὼ γάρ εἰμι ὁ ἐλάχιστος τῶν ἀποστόλων. (I コリント 15:9)

(4) なぜなら私はその使徒たちの中で一番小さい者だからである。

(5) ὡς τάχιστα ἦλθεν ὁ προφήτης πρός με.

(5) その預言者はできるだけ早く私のところに来た。

§149　練習問題 (31)　次の5つの文を日本語に訳してみましょう。

(1) ἐγὼ καὶ ὁ πατὴρ ἕν ἐσμεν. (ヨハネ 10:30)

(1) わたしと父とは一つである。

(2) ἦσαν δὲ παρ' ἡμῖν ἑπτὰ ἀδελφοί· καὶ ὁ πρῶτος ἐτελεύτησεν. ([参] マタイ 22:25)

(2) そして私たちに七人の兄弟がいました。そして一番目が死にました。

(3) αὕτη ἐστὶν ἡ μεγάλη καὶ πρῶτη ἐντολή. (マタイ 22:38)

(3) これは偉大なそして第一の戒めである。

(4) μία ἡμέρα παρὰ κυρίῳ ὡς χίλια ἔτη καὶ χίλια ἔτη ὡς ἡμέρα μία. (II ペテロ3:8)

(4) 主にとって一日は千年のようであり、千年は一日のようである。(II ペテロ 3.8)

(5) Χριστὸς ἅπαξ ὑπὲρ ἀδίκων ἀπέθανεν. ([参] I ペテロ 3:18)

(5) キリストはひとたび不義な人々の代りに死なれた。

§154　練習問題 (32)　次の5つの文を日本語に訳してみましょう。

(1) σὺ ἁγιάζεις σεαυτόν.

(1) あなたはあなた自身を聖別する。

(2) τί λέγει αὐτὸς περὶ ἑαυτοῦ;

(2) 彼は彼自身について何というか。

(3) οὐκ ἔχετε ζωὴν αἰώνιον ἐν ἑαυτοῖς.

(3) あなたがたは自分のうちに永遠のいのちを持っていない。

(4) ὁ πατὴρ μαρτυρεῖ περὶ ἐμαυτοῦ.

(4) 父は私自身について証しする。

(5) καὶ δῶρα πέμψουσιν ἀλλήλοις. (黙示 11:10)

(5) そして彼らは互いに贈り物をし合うであろう。

§156 練習問題 (33)　次の5つの文を日本語に訳してみましょう。

(1) οἴδαμεν ὅτι πᾶσα γραφή ἐστιν θεόπνευστος.

(1) 私たちは、聖書はすべて神によって吹き出されたものであることを知っている。

(2) ἐγὼ καλέσω τὸ ὄνομα αὐτοῦ Ἰησοῦν.

(2) 私は彼の名をイエスと呼ぶであろう。

(3) Ἰωσήφ ἐστιν τὸ γένος Δαυίδ.

(3) ヨセフはダビデの子孫である。

(4) ἡ γραφὴ λέγει ὅτι ὁ θεὸς εἷς ἐστιν. ([参] ガラテヤ 3:20)

(4) 聖書は「神は唯一である」と言っている。

(5) ὅ τι ἄν αἰτήσητε ἐν τῷ ὀνόματί μου, τοῦτο ποιήσω. (ヨハネ 14:13)

(5) わたしの名によってあなたがたが求めるものは何でも、わたしはそれをかなえてあげよう。

§160　練習問題 (34)　次の5つの文を日本語に訳してみましょう。

(1) ἐγὼ δίδωμί σοι ὕδωρ ζῶν.

(1) わたしはあなたに生きている水を与える。

(2) ἐγὼ δίδωμι αὐτῷ εἰρήνην.

(2) 私は彼に平安を与える。

(3) ἐγὼ φιλῶ τὸν πατέρα μου.

(3) わたしはわたしの父を愛している。

(4) τί κρίνεις με ;

(4) なぜあなたはわたしをさばくのか。

(5) ὁ θεὸς κρινεῖ σε.

(5) 神はあなたをさばくであろう。

§165　練習問題 (35)　次の5つの文を日本語に訳してみましょう。

(1) ἡ μαρτυρία σου οὐκ ἔστιν ἀληθής. (ヨハネ 8:13)

(1) あなたの証言は真実ではない。

(2) οἴδαμεν ὅτι πᾶσα γραφή ἐστιν θεόπνευστος.

(2) 私たちは、聖書はすべて神の霊によるものであることを知っている。

(3) πάντα συνεργεῖ ὁ θεὸς εἰς τὸ ἀγαθὸν αὐτῶν.

(3) 神は彼らの益のためにすべてのことをあい働かせる。

(4) ἰδοὺ ὄχλος πολύς. (黙示 7:9)

(4) 見よ、多くの群衆を。

(5) οὗτός ἐστιν ὁ μέγας προφήτης.

(5) この方は偉大な預言者である。

§170　練習問題 (36)　次の 10 個の文を日本語に訳してみましょう。

(1) ὁ Γάϊός ἐστιν Δερβαῖος.([参考] 使徒 20:4)

(1) ガイオはデルベ人である。

(2) ἦν δὲ ὁ Φίλιππος ἀπὸ Βηθσαϊδά.(ヨハネ 1:44)

(2) さて、ピリポはベツサイダ出の人であった。

(3) τίς ἐστιν οὗτος ὃς λαλεῖ βλασφημίας ;(ルカ 5:21)

(3) 神を汚すことばを言うこの者は何者か。

(4) τιμῶ τὸν πατέρα μου.(ヨハネ 8:49)

(4) わたしはわたしの父を敬っている。

(5) καὶ ἐβαπτίζοντο ὑπ' αὐτοῦ ἐν τῷ Ἰορδάνῃ ποταμῷ. (マルコ 1:5)

(5) そして彼らはヨルダン川で彼からバプテスマを受けていた。

(6) πάντα δι' αὐτοῦ ἐγένετο. (ヨハネ 1:3)

(6) すべてのものはこの方によって生じた。

(7) Κἀγὼ ὑμῖν λέγω, αἰτεῖτε καὶ δοθήσεται ὑμῖν.(ルカ 11:9)

(7) そしてわたしはあなたがたに言う。（あなたがたは）求めなさい。そうすれば（求めるもの [単数] はなんでも）あなたがたに与えられるであろう。

([参] ヨハネ 14:13-14)

(8) ἦλθεν ἄνθρωπος πλούσιος ἀπὸ Ἀριμαθαίας, τοὔνομα Ἰωσήφ.(マタイ 27:57)

(8) アリマタヤ出の金持ちの、ヨセフという名の人が来た。

(9) ὁ θεὸς ἀγάπη ἐστίν.(Ⅰヨハネ 4:8)

(9) 神は愛である。

(10) οὕτως γὰρ ἠγάπησεν ὁ θεὸς τὸν κόσμον, ὥστε τὸν υἱὸν τὸν μονογενῆ ἔδωκεν,ἵνα πᾶς ὁ πιστεύων εἰς αὐτὸν μὴ ἀπόληται ἀλλ'ἔχῃ ζωὴν αἰώνιον. (ヨハネ 3:16)

(10) 神は、実に、そのひとり息子をお与えになったほど、それほどまでに世を愛された。それは彼を信じるすべての者が滅びないで、永遠のいのちを得るためである。

付録

索 引

《本文に関しての語句のセクション（§）箇所を表示しています。》

単語集（ギリシア語－日本語）

この単語集には、本文および練習問題に用いられているギリシア語の単語のすべてがのっている。

1. 名詞は単数主格をあげ、続いて属格の語尾を示している。さらにその後に、冠詞 ὁ, ἡ, τό があって、その名詞の性をあらわす。

2. 形容詞は男性、女性、中性の順序で主格単数形を示す。男女同形のばあいは、その次に、中性を示す。

3. 動詞は原形 (一人称単数) をあげた。

4. 難解と思われる変化形はそのままのせ、その働きとその原形を示す。

5. 能動態と直説法という名称を省略し、第一不定過去は「一過」、第二不定過去は「二過」とする。

6. 本文にのっていなくても重要な単語はのせてある。

7. * 印のついている語は、新約聖書に 60 回以上使われているものである。

A α

Ἀβραάμ [不変], ὁ アブラハム（人名）

*ἀγαθός, -ή, 善良な、良い

*ἀγαπάω, -ῶ 愛する

*ἀγάπη, -ης, ἡ 愛

ἀγαπηθήσῃ [受未 2 単] < ἀγαπάω

ἀγαπήσω [未 1 単] < ἀγαπάω

ἀγαπητός, -ή, -όν [形] 愛されている

ἀγγελία, ας, ἡ 知らせ

*ἄγγελος, -ου, ὁ 使者、天使

ἄγεσθε [受現 2 複] < ἄγω

ἁγιάζω 聖別する、きよめる

*ἅγιος, -ία, -ον 聖なる、きよい

ἅγιος, -ου, ὁ 聖者

A α

ἀγοράζω 買う

ἄγω 導く

Ἀδάμ [不変], ὁ アダム（人類の始祖）

*ἀδελφός, -οῦ, ὁ 兄弟

ἀδιαλείπτως [副] 絶えず

ἀδικέω, -ῶ 害する

ἀδικοῦσι(ν) [現 3 複] < ἀδικέω

*αἷμα, -τος, τό 血

*αἴρω 取り上げる、(罪を) 取り除く

αἴρων [現分男単主] < αἴρω

*αἰτέω, -ῶ 求める

αἰτήσητε [一過接 2 複] < αἰτέω

Α α

*αἰών, -ῶνος, ὁ 世（ある長さの時）、永遠

αἰῶνα [単対] < αἰών

εἰς τὸν αἰῶνα 永遠に

αἰῶνας [複対] < αἰών

εἰς τοὺς αἰῶνας 永遠に

*αἰώνιος, (-ία) -ον [形] 永遠の

*ἀκολουθέω, -ῶ ついて行く、従う

ἀκούειν [不定詞] < ἀκούω

*ἀκούω 聞く [話す人を（属格支配）、聞く事柄を（対格支配）]

ἀλεεῖς [複主対] < ἁλιεύς, ὁ 漁師

*ἀλήθεια, -ας, ἡ 真理

ἀληθής, -ής, -ές [形] まことの

ἀληθινός, -ή, -όν [形] まことの、真実な

ἀληθῶς [副] まことに

*ἀλλά [接] しかし

οὐ...ἀλλά... ～でなくて～

ἅλας, -ατος, τό 塩

ἀλλήλων [複属];[与] -οις, -αις, -οις,

[対] -ους, -ας, -α お互いの（に、を）

ἀλλήλους [複対] < ἀλλήλων

*ἄλλος, -η, -ο [形] ほかの

ἁμαρτάνω 罪を犯す

Α α

*ἁμαρτία, -ας, ἡ 罪

ἁμαρτίας [単属] < ἁμαρτία

ἁμαρτιῶν [複属] < ἁμαρτία

ἁμαρτωλός, -οῦ, ὁ, ἡ 罪人

*ἀμήν [副] まことに

ἀμνός, -οῦ, ὁ 子羊

ἄμπελος, -ου, ἡ ぶどうの木

*ἄν 条件節で結びの節に用い [～だろう]

*ἀναβαίνω 登る

ἀναγινώσκω 読む、朗読する

ἀνάστασις, -εως, ἡ 復活

Ἀνδρέας, -ου, ὁ アンデレ（人名）

ἀνέβη [二過 3 単] < ἀναβαίνω

*ἀνήρ, ἀνδρός, ὁ 男、夫

ἄνθος, -ους, τό 花

*ἄνθρωπος, -ου, ὁ 人、人間

*ἀνοίγω 開く

ἀνομία, -ας, ἡ 不法

ἀντίχριστος, -ου, ὁ 反キリスト

ἀπάγω 連れて行く

ἀπαρνοῦμαι 否定する

ἀπέθανε(ν) [二過 3 単] < ἀποθνήσκω

ἀπό [前]（属格支配）～の側から

*ἀποθνήσκω 死ぬ

A α

*ἀποκρίνομαι [現1単] 答える

ἀπόκρισις, -εως, ἡ 答え

*ἀποκτείνω 殺す

ἀπόλλυμι (永遠に) 滅びる

ἀπολύω 解放する、赦す

ἀποστελεῖ [未3単] < ἀποστέλλω

*ἀποστέλλω 遣わす

*ἀπόστολος, -ου, ὁ 使徒

ἄρα (条件に応じて) それなら、その結果

ἀρέσκω [与格支配] 喜ばせる

ἆρον [一過命2単] < αἴρω

ἄρτι [副] 今、現在

*ἄρτος, -ου, ὁ パン

ἀρχή, -ῆς, ἡ 初め

ἀρχῇ [単与] < ἀρχή

*ἀρχιερεύς, -έως, ὁ 祭司長

*ἄρχω 治める [属格と]; ἄρχομαι [中] 始める

ἄρχων, -οντος, ὁ 支配者

ἀσθενής, -ής, -ές [形] 弱い

ἀσπάζομαι あいさつする

ἀσπάζονται [現3複] < ἀσπάζομαι

A α

ἀστήρ, -έρος, ὁ 星

αὕτη [女単主] < οὗτος

*αὐτός, -ή, -ό 彼、彼女、それ(は)、～自身(強意)、[形](冠詞を伴って) 同じ

αὐτοῦ [男単属] < αὐτός

ἄφεσιν [単対] < ἄφεσις

ἄφεσις, -εως, ἡ 赦し

ἄφρων, -ον [形] 愚かな

ἀφορίζω 分ける

B β

*βάλλω 投げる

βαπτίζω バプテスマする

βαπτίζων [現分男単主] < βαπτίζω

βάπτισμα, -τος, τό バプテスマ

βαπτιστής, -οῦ, ὁ 洗礼者

Βαραββᾶς, -ᾶ, ὁ バラバ(人名)

*βασιλεία, -ας, ἡ 支配、王国

*βασιλεύς, -έως, ὁ 王

βιβλίον, -ου, τό 巻き物

βλασφημία, -ας, ἡ 瀆神（とくしん）

*βλέπω 見る

βούλομαι 意図する、望む

βρῶσις, -εως, ἡ 食物

Γγ

Γαβριήλ [不変], ὁ (天使) ガブリエル

Γαλιλαία, -ας, ἡ ガリラヤ (地名)

γαμεῖν [現不定] < γαμέω

γαμέω, -ῶ 結婚する

γαμεῖν [現不定] < γαμέω

γάμος, -ου, ὁ 婚礼

*γάρ [副] 実に ; [接] なぜなら~だから

γέγραπται [受現完3単] < γράφω

*γεννάω (父が子を) もうける

γεννηθῇ [受一過接3単] < γεννάω

γένος, -ους, τό 子孫

γεύομαι 味わう

γεωργός, -οῦ, ὁ 農夫

*γῆ, -ῆς, ἡ 地

*γίνομαι ~になる、生じる

*γινώσκω 知る

γλῶσσα, -ης, ἡ 舌

γνῶσις, -εως, ἡ 知識

γραφάς [複対] < γραφή

γραφή, -ῆς, ἡ 書物、聖書

*γράφω 書く

γύναι [単呼] < γυνή

*γυνή, -αικός, ἡ 女、婦人

Δδ

*δαιμόνιον, -ίου, τό 悪霊

Δαυίδ [不変], ὁ ダビデ (の)

*δέ そして、しかし

δέδωκα [現完1単] < δίδωμι

δέδωκε(ν) [現完3単] < δίδωμι

*δεῖ [現3単 (非人称動詞)] (~は) ~せねばなら
ない (主語= [対] + [不定法])

δένδρον, -ου, τό 木

δέχομαι 受け入れる

δεύτερος, -α, -ον [数] 第二の

δέσμιος, -ον [形] 縛られた

δέσμιος, -ου, ὁ [名] 囚人

*δεσμός, -ου, ὁ 束縛、(舌の) もつれ

δέω 縛る

δηλῶ 明らかにする

δῆμος, -ου, ὁ 群衆

*διά [前] (属格支配) ~によって、(対格支配)
~のために

διάβολος, -ου, ὁ 悪魔

διδάσκαλος. -ου, ὁ 教師

*διδάσκω 教える

διδαχή, -ῆς, ἡ 教え

*δίδωμι 与える

Δ δ

*δίκαιος, -αία, -ον [形] 義なる

*δικαιοσύνη, -ης, ἡ 義、正義

δικαιόω, -ῶ 義とする

διώκω 追う、責める、迫害する

*δόξα, -ης, ἡ 栄光

δοξάζω 栄化する

*δοῦλος, -ου, ὁ 奴隷、しもべ

*δύναμαι 〜することができる

*δύναμις, -εως, ἡ 力

δύναται [現3単] < δύναμαι

*δύο [数] 2

δυσί(ν) [与] < δύο

*δύσκολος, -ον [形] むずかしい

*δώδεκα [不変] [数] 12

δωρεά, -ας, ἡ 賜物

δῶρον, -ου, τό 贈り物

δώσει [未3単] < δίδωμι

E ε

*ἐάν [接] もし〜ならば

*ἑαυτοῦ, -τῆς, -τοῦ [再帰代名詞] 彼自身の、彼女自身の、それ自体の

E ε

*ἐγείρω 起こす、よみがえらせる

ἐγένετο [二過3単] < γίνομαι

*ἐγώ [代] 私 (は)

ἐδίωκον [未完1単・3複] < διώκω

*ἔθνος, -ους, τό 国民

*ἔθος, -ους, τό 習慣

*εἰ [接] もし〜ならば

εἰ μή 〜でなければ

εἶ [現2単] < εἰμί

*εἶδον [二過1単・3複] < ὁράω 見る

εἶδος, -ους, τό 見えるもの

*εἰμί (私は) 〜 (で) ある

εἶναι [現不定] < εἰμί

εἶπε(ν) [3単] < εἶπον

*εἶπον [二過1単・3複] < λέγω 言う

*εἰρήνη, -ης, ἡ 平和、平安

*εἰς [前] (対格支配) 〜の中へ、〜へ、〜を求めて

*εἷς, μία, ἕν [数] 1

εἰσέλθῃ [二過接3単] < εἰσέρχομαι

*εἰσέρχομαι はいって行く、はいる

εἶχε(ν) [未完3単] < ἔχω

*ἐκ (母音の前は ἐξ) [前] (属格支配) 〜の中から、〜に属する

ἐκάλεσε(ν) [一過3単] < καλέω

*ἕκαστος, -άστη, -ον [代] 各々

*ἐκβάλλω 投げ出す

ἐκεῖ [副] そこに

*ἐκεῖνος, -είνη, -ο [代] あれは、あの

*ἐκκλησία, -ας, ἡ 集会、教会

ἐκκλησίας [単属・複対] < ἐκκλησία

ἔλαβε(ν) [二過3単] < λαμβάνω

ἔλαβον [二過1単・3複] < λαμβάνω

ἐλάλησε(ν) [二過3単] < λαλέω

ἐλάχιστος, -ίστη, -ον [最上級] < μικρός

ἐλαχίστῳ [中単与] < ἐλάχιστος

ἐλέγετο [受未完3単] < λέγω

ἔλεγον [未完1単・3複] < λέγω

ἐλεέω, -ῶ あわれむ

ἐλεημοσύνη, -ης, ἡ 施し

ἔλεος, -ους, τό あわれみ

ἐλθεῖν [二過不定] < ἔρχομαι

Ἕλλην, -ηνος, ὁ ギリシア人（男）

Ἑλληνίς, -ίδος, ἡ ギリシア婦人

ἐλπίς, -ίδος, ἡ 希望

ἐμά [中複主・対] < ἐμός

ἐμαυτόν [男対] ἐμαυτοῦ

ἐμαυτοῦ [再帰代] 私自身の

ἐμοί [男複主] < ἐμός

*ἐμός, -ή, -όν [所有形容詞] 私の

ἐμπορία, -ας, ἡ 商売

ἔμπροσθεν [前]（属格支配）～の前に

*ἐν [前]（与格支配）～の中に、～において

ἕν [数] 一つ

ἔνδυμα, -τος, τό 衣、着物

*ἐντολή, -ῆς, ἡ 戒め

ἐξ < ἐκ

*ἐξουσία, -ας, ἡ 権限、権能

ἔξω [副] 外で

ἐπαγγελία, -ας, ἡ 約束

ἔπαθεν [二過3単] < πάσχω

ἐπί [前]（属格支配）～の上で（する）、
　　　（対格支配）～の上へ（のぼる）
　　　（与格支配）～の上に（おく）

ἐπιστολή, -ῆς, ἡ 手紙

ἐπιφωνῶ (-έω) 叫ぶ

ἐποίησε(ν) [一過3単] < ποιέω

*ἑπτά [不変][数] 7

ἑπτάκις [副] 7度（倍）

ἐργάζεται [現3単] < ἐργάζομαι

ἐργάζῃ [現2単] < ἐργάζομαι

E ε

ἐργάζομαι 働く

*ἔργον, -ου, τό 仕事

ἔρημος, -ου, ἡ 荒野

*ἔρχομαι 来る

ἐρχόμενος [現分男単主] < ἔρχομαι

ἔρχου [現命2単] < ἔρχομαι

ἐρωτάω, -ῶ 尋ねる、願う

ἔσεσθε [未2複] < εἰμί

*ἐσθίω 食べる

ἐσκήνωσεν [一過3単] < σκηνόω

ἔσομαι [未1単] < εἰμί

ἔσονται [未3複] < εἰμί

ἐσταυρώθη [受一過3単] < σταυρόω

ἐστέ [現2複] < εἰμί

ἐστίν [現3単] < εἰμί

ἔσχατος, -η, -ον [形] 最後の

ἐσῴζου [受未完2単] < σῴζω

ἐσῴζοντο [受未完複] < σῴζω

*ἕτερος, -α, -ον [形] 異なった

ἔτη [複主・対] < ἔτος

*ἔτι [副] なお、まだ～ (でない)

ἑτοιμάζω 準備する

E ε

ἔτος, -ους, τό 年

εὐαγγελίζομαι 福音を告げる

*εὐαγγέλιον, -ου, τό 福音

*εὐθέως, εὐθύς [副] すぐに

*εὑρίσκω 見つける、発見する

εὐχαριστέω, -ῶ 感謝する

εὔχομαι 祈る

ἔφαγον [二過1単・3複] < ἐσθίω

ἐχάρητε [受二過2複] < χαίρω

ἐχθές [副] 昨日

ἐχθρός, -οῦ, ὁ 敵

*ἔχω 持つ

*ἕως [前] ～まで、 ἕως ἄρτι 今まで

Z ζ

Ζάρα [不変], ὁ ザラ (人名)

*ζάω, -ῶ 生きる、生きている

ζῇ [現2単] < ζάω

Ζαχαρίας, -ου, ὁ ザカリヤ (人名)

ζήσετε [未2複] < ζάω

*ζητέω, -ῶ 探す

*ζωή, -ῆς, ἡ いのち

Η η

*ή [接] または、～よりも

ᾖ [現接 3 単] < εἰμί

ἡγεμών, -όνος, ὁ 総督

*ἤδη [副] すでに

ἦλθεν [二過 3 単] < ἔρχομαι

*ἦλθον [二過 1 単・3 複] < ἔρχομαι

Ἠλίας, -ου, ὁ エリヤ (人名)

ἥλιος, -ίου, ὁ 太陽

*ἡμεῖς [複主] < ἐγώ

*ἡμέρα, -ας, ἡ 日

ἤμην [未完 1 単] < εἰμί

ἦν [未完 3 単] < εἰμί

ἤρεσκον [未完 1 単] < ἀρέσκω

ἦς [未完 2 単] < εἰμί

ἦσαν [未完 3 複] < εἰμί

ἠσθίετε [未完 2 複] < ἐσθίω

Θ θ

*θάλασσα, -ης, -ἡ 海

*θάνατος, -ου, ὁ 死

θάπτω 葬る、埋葬する

θαυμάζω 驚く

θεέ [呼] 神よ < θεός

Θ θ

*θέλημα, τος, τὸ 意志、みむね

θέλω 欲する、願う、～しようと思う

θεμελιόω, -ῶ ～の基礎を置く

θεόπνευστος, -ον [形] 神によって吹き出された、神の霊による

*θεός, -ου, ὁ 神

θεοῦ [単属] < θεός

θεραπεύω いやす

θερισμός, -οῦ, ὁ 収穫

θεωρέω, -ῶ 見物する、見る

θλίφις, -εως, ἡ 患難、苦難

*θύρα, -ας, ἡ 戸、門

Ι ι

Ἰάκωβος, -ου, ὁ ヤコブ (人名)

ἴδε [間投詞] 見よ、ごらん、それ

ἰδεῖν [不定法] 見ること < εἶδον 見た < ὁράω, -ῶ 見る

*ἴδιος, -ία, -ον [形] 自分自身の

*ἰδού [間投詞] 見よ、そら、それ

ἱερεύς, -έος, ὁ 祭司

*ἱερόν, -οῦ, τό 神殿 (境内を含む)

Ἰησοῦς, -οῦ, ὁ イエス (人名)

ἱκανός, -ή, -όν [形] 値打ちがある

ἱλασμός, -οῦ, ὁ なだめの供え物

Ι ι

Ἰορδάνης, -ου, ὁ ヨルダン川

ἱμάτιον, -ου, τό 衣、着物

*ἵνα [接] ～が～するために

Ἰουδαῖος, -ου, ὁ ユダヤ人

Ἰουδαίων [複属] < Ἰουδαῖος

Ἰσραήλ [不変], ὁ イスラエル

ἰσχυροί [男複主] < ἰσχυρός

ἰσχυρός, -ά, -όν [形] 強い

ἰχθύς, -ύος, ὁ 魚

ἰῶτα [不変], τό イオータ（ヘブライ語やアラム語の最小文字ヨッドの代用）

Κ κ

καθαρίζω きよめる

καθεύδω 眠る

καθίζω すわる

*καθώς [接] ～とおりに、～ように

*καί [接] そして、～と～ [副] ～もまた

καινή [女単主] < καινός

*καινός, -ή, -όν [形]（質的に）新しい

*καιρός, -οῦ, ὁ （ちょうどよい）時

κακός, -ή, -όν [形] 悪い

Κ κ

*καλέω, -ῶ 呼ぶ、～を～と呼ぶ

*καλός, -ή, -όν [形] よい、美しい

Κανά, ἡ カナ（ガリラヤの町）

*καρδία, -ας, ἡ 心臓、心

*καρπός, -οῦ, ὁ 実、果実

κατά [前][対格支配] ～に基づいて

καταβολή, -ῆς, -ή 基礎をすえること
　　πρὸ καταβολῆς κόσμου 天地創造前に

καταγγέλλω 宣言する、宣べ伝える

κάτω [副] 下に

κενός, -ή, -όν [形] むなしい

κεραία, -ας, ἡ 小角（ヘブル文字の）

*κεφαλή, -ῆς, ἡ 頭

κήρυγμα, -τος, τό 宣教

κηρύσσω 宣べ伝える

　　κηρυχθήσεται [受未3単] < κηρύσσω

κλαίω 泣く

κλέπτης, -ου, ὁ 盗人

κλέπτω 盗む

κόσμος, -ου, ὁ 宇宙、（この）世

κράβα(τ)τος, -ου, ὁ 寝床、たんか

*κράζω 叫ぶ

κρείσσων, (-ττων), -ον 形]（比較級）
　　< ἀγαθός

Κ κ

κρέας, -έατος, [対] κρέα 肉

κρινεῖ [未3単] < κρίνω

*κρίνω 裁く

κρίσις, -εως, ἡ 裁き、公平

κριτής, -οῦ, ὁ 裁く者

κτίσις, -εως, ἡ 創造

*κύριος, -ου, ὁ 主、主人

κωφός, -οῦ, ὁ ろうあ者（男）

Λ λ

λάβετε [二過命2複] < λαμβάνω

*λαλέω, -ῶ 話す、語る

λαμβάνειν [現不定] < λαμβάνω

*λαμβάνω 取る、得る、受ける

*λαός, -οῦ, ὁ 群衆

*λέγω 言う

λεπρός, -οῦ, ὁ ハンセン病患者（男）

λίθος, -ου, ὁ 石

*λόγος, -ου, ὁ ことば

λούω （全身を）洗う

λύσατε [一過命2複] < λύω

λυτρωτής, -οῦ, ὁ 解放者

λύω 解く、こわす

Μ μ

*μαθητής, -οῦ, ὁ 弟子、学ぶ者

μακάριοι [男複主] < μακάριος

μακάριος, -α, -ον [形] さいわいな

*μᾶλλον [副]（より）むしろ

μανθάνω 学ぶ

μάνα [不変], τό マナ

Μαρία, -ας, ἡ マリヤ（人名）

*μαρτυρέω 証しをする

μαρτυρία, -ας, ἡ 証し

μεγαλύνω あがめる、賛美する

*μέγας, μεγάλη, μέγα [形] 大きい、偉大な

μείζων, -ον [形]（比較級）< μέγας

μεμενήκεισαν [過完3複] < μένω

*μένω とどまる、存続する

μεριμνάω, -ῶ 心配する

μέρος, -ους, τό かかわり、部分

*μετά [前]（属格支配）～といっしょに

μετανοέω, -ῶ 悔い改める

*μή [否定詞] ～ない

*μήτηρ, -τρός, ἡ 母

μικρός, -ά, -όν [形] 小さい

μισέω, -ῶ 憎む

M μ

μισθός, -οῦ, ὁ 報い

μοί [単与] < ἐγώ

μοναί [複主] < μονή

μονή, -ῆς, ἡ 住まい

*μόνος, -η, -ου [形] ただ一つ (一人) の

μοῦ [単属] < ἐγώ

μυστήριον, -ου, τό 奥義

μωρία, -ας, ἡ 愚かなこと

μωρόν [中単主] < μωρός

μωρός, -ά, -όν [形] 愚かな

Μωϋσεῖ [与] < Μωϋσῆς

Μωϋσῆς, -έως, ὁ モーセ

N ν

ναός, -οῦ, ὁ 神殿 (境内を含まない)

νεανίας, -ου, ὁ 若者

*νεκρός, -οῦ, ὁ 死人

νενίκηκα [現完1単] < νικάω

νικάω, -ῶ 征服する、勝つ

νίπτω 洗う

*νόμος, -ου, ὁ 律法

νῦν [副] 今

*νύξ, -κτός, ἡ 夜

Ξ ξ

ξένος, -ου, ὁ 旅人

ξέστης, -ου, ὁ 水差し

ξύλον, -ου, τό 木、材木

O ο

*ὁ, ἡ, τό [冠詞]

ὁδός, -οῦ, ἡ 道

οἱ [男複主] < ὁ

*οἶδα 知っている

οἴδατε [2複] < οἶδα

οἰκία, -ας, ἡ 家

*οἶκος, -ου, ὁ 家

*οἶνος, -ου, ὁ ぶどう酒

ὀλίγος, -η, -ον [形] わずかな

*ὅλος, -η, -ον [形] 全体の、そっくりそのままの

Ὀνησίφορος, -ου, ὁ オネシポロ (人名)

ὁμολογέω, -ῶ 告白する

ὅν [男単対] < ὅς

ὄνομα, -τος, τό 名前

*ὁράω, -ῶ 見る

ὄνος, -ου, ὁ, ἡ ろば

ὀργή, -ῆς, ἡ 怒り

Ο ο

*ὄρος, -ους, τό 山、丘

*ὅς, ἥ, ὅ [関係代名詞]（先行詞と共に）～とこ
　　　ろの ὅς ἄν（～する者は誰でも）

*ὅταν [接]～するときはいつでも

*ὅτε [接]～ときに

*ὅτι [接]～ということ、なぜなら～だから

*οὐ [否定詞]～ない　　οὐ μή ～決して～ない

*οὐδέ [副]また～でもない

*οὐδείς, οὐδεμία, οὐδέν 誰も（何も）～ない

οὐκ [否定詞]～ない（母音の前で）

οὐκέτι [副]もはや（もう）～ない

*οὖν したがって、そこで

οὐράνιος, -ον [形]天の

*οὐρανός, -οῦ, ὁ 天

οὖς, ὠτός, τό 耳

*οὔτε...οὔτε [副]～も～ない

*οὗτος, αὕτη, τοῦτο [指示代名詞]これは

οὕτως [副]このように

οὐχί (οὐ の強調形)

*ὀφθαλμός, -οῦ, ὁ 目

*ὄχλος, -ου, ὁ 群衆、人だかり

Π π

παιδεύω 教育する

παιδίον, -ου, τό 幼児

*πάλιν [副]再び、また

πάντα [男単対・中複主・対]＜ πᾶς

*πάντες [男複主]＜ πᾶς

πάντοτε [副]いつも

*παρά [前]（属格支配）～から、（与格支配）～ところに、
　　　（対格支配）（運動）～の側へ、（静止）～の側に

παραβολή, -ῆς, ἡ たとえ話

*παρακαλέω, -ῶ 勧める

παράκλητος, -ου, ὁ 助け主（聖霊）

παραλαμβάνω （人から）受け取る

παρατίθημι ゆだねる

παρέθεντο [中過直3複]＜παρατίθημι

παρθένος, -ου, ἡ 処女

*πᾶς, πᾶσα, πᾶν すべて（の）

πάσχω 受難する

*πατήρ, -τρός, ὁ 父

Παῦλος, -ου, ὁ パウロ（人名）

πείθω 説得する

πειράζω 試みる

*πέμπω 送る

πέντε [数] 5

πεπίστευκα [現完1単] < πιστεύω

πεπιστεύκαμεν [現完1複] < πιστεύω

πεπίστευκας [現完2単] < πιστεύω

*περί [前] (属格支配)〜について、(対格支配)〜のまわりに

*περιπατέω, -ῶ 歩く

πέτρα, -ας, ἡ 岩

Πέτρος, -ου, ὁ ペテロ (人名)

Πιλᾶτος, -ου, ὁ ピラト (人名)

*πίνω 飲む

*πίπτω 落ちる

*πιστεύω 信じる

*πίστις, -εως, ἡ 信仰

πιστός, -ή, -όν [形] 真実な、忠実な

πλάνος, -ου, ὁ 惑わす者

πλείων, -ον [形] より多くの (πολύς の比較級)

*πληρόω, -ῶ 満たす

πλησίον, -ου, ὁ 隣人

*πλοῖον, -ου, τό 舟

*πνεῦμα, -τος, τό 霊

*ποιέω, -ῶ 造る、する、〜を〜にする

ποιήσω [未1単] < ποιέω

ποιμήν, -ένος, ὁ 羊飼い

*πόλις, -εως, ἡ 都市

*πολλοί [男複主] < πολύς

*πολύς, πολλή, πολύ [形] 多くの

πονηρός, -ά, -όν [形] よこしまな

*πορεύομαι 行く、旅する

ποταμός, -οῦ, ὁ 川

*πότε [副] いつ

ποῦ [副] どこに

*πούς, ποδός, ὁ 足

πρᾶγμα, -τος, τό 行動、物事

πρόβατον, -ου, τό 羊

*πρός [前] (対格支配)〜のところへ、〜と向き合って

*προσέρχομαι 近づく

*προσεύχομαι 祈る

προσηυξάμην [一過1単] < προσεύχομαι

προσκυνέω, -ῶ 礼拝する

*πρόσωπον, -ου, τό 顔

*προφήτης, -ου, ὁ 預言者

πρώτη [女単主] < πρῶτος

*πρῶτος, -ώτη, -ον [数] 第一の、最初の

πτωχοί [男複主] < πτωχός

Π π

πτωχός, -ή, -όν [形] 貧しい

*πῦρ, πυρός, τό 火

πῶλος, -ου, ὁ 子ろば

*πῶς [疑問副詞] どうして

Ρ ρ

ῥῆμα, -τος, τό (語られる) ことば

ῥίζα, -ης, ἡ 子孫

Ῥωμαῖος, ὁ ローマ人 (市民)

Σ σ

σά [中複主・対] ＜ σός

σάββατον, -ου, τό 安息日

σαλπίζω ラッパを吹く

*σάρξ, σαρκός, ἡ 肉

σατανᾶς, -ᾶ, ὁ サタン

σέ [単対] ＜ σύ

σεαυτόν [男単対] ＜ σεαυτοῦ

σεαυτοῦ [再帰代] あなた自身の

*σημεῖον, -ου, τό しるし

σήμερον [副] 今日 (きょう)

σκηνοποιός, -οῦ, ὁ 天幕作り (人)

σκηνόω, -ῶ 天幕を張る、宿る

Σ σ

σκοτία, -ας, ἡ 暗やみ

σκότος, -ους, τό 暗やみ

σοί [単与] ＜ σύ

σός, σή, σόν [所有代] あなたの (もの)

σοῦ [単属] ＜ σύ

σοφία, -τος, ἡ 知恵

*σοφός, -ή, -όν [形] 知恵のある、賢い

σπέρμα, -τος, τό (植物の) 種、子孫

σταυρός, -οῦ, ὁ 十字架

σταυρόω, -ῶ 十字架につける

*στόμα, -τος, τό (人や動物の) 口

*σύ あなたは

*σύν [前] (与格支配) ～といっしょに

*συναγωγή, -ῆς, ἡ 集会、シナゴーグ

συνεργός, -οῦ, ὁ 同労者

συνεσταύρωμαι [受現完1単] ＜ συσταυρόω

συντέλεια, -ας, ἡ 終わり、完了、終結

συσταυρόω, -ῶ ともに十字架につける

σχίσμα, -τος, τό 分裂 (争)

*σῴζω 救う

*σῶμα, -τος, τό からだ

σωτήρ, -ῆρος, ὁ 救い主

T τ

ταχέως [副] すぐに

τάχιον [副] より早く、より速やかに

ταχύς [形] 速い

τεθεμελίωτο [受過完 3 単] < θεμελιόω

*τέκνον, -ου, τό こども

τέκτων, -ονος, ὁ 大工

τέλειος, -α, -ον [形] 完全な

τελειόω, -ῶ 完成する

τελευτάω, -ῶ 死ぬ

τέλος, -ους, τό 終わり

*τηρέω, -ῶ 保持する

*τί [中単主・対] 何が (を)(what) ; [副] なぜ (why)

*τίθημι 置く、(いのちを) 捨てる

τίκτω (子を) 生む

τιμάω, -ῶ 尊敬する

τιμή, -ης, ἡ 尊敬

*τίς [疑代] だれが (who)

*τὶς [不定代] だれか (someone), だれでも (anyone) ; τὶ 何か (something)、何でも (anything)

*τόπος, -ου, ὁ 場所

*τότε [副] そのとき

τοῦ [男・中単属] < ὁ, τό

τούς [男複対] < ὁ

τοῦτο [中単主・対] < οὗτος

τῶν [男・女・中複属] < ὁ, ἡ, τό

T τ

*τρεῖς [数] 3

τρέχω 走る

τρίτος, -η, -ον [数] 第三の

τροφή, -ῆς, ἡ 食物

τυφλός, -οῦ, ὁ 盲人

Y υ

ὑγιής, -ές [形] 健康な、直っている

*ὕδωρ, ὕδατος, τό 水

*υἱός, -οῦ, ὁ 息子

ὑμᾶς [複対] < σύ

*ὑμεῖς [複主] < σύ

ὑμῖν [複与] < σύ

ὑμῶν [複属] < σύ

*ὑπάγω 去って行く

*ὑπέρ [前] (属格支配) 〜のために、〜に代って、(対格支配) 〜の上の方に

*ὑπό [前] (属格支配) 〜によって (行為者)、(対格支配) 〜の下に (空間的に、または支配など)

*ὑπόδημα, -τος, τό サンダル

ὑποδήματα [複対] < ὑπόδημα

*ὑποκριτής, -οῦ, ὁ 偽善者

Φ φ

φάγετε [二過命2複] < ἐσθίω

φαίνω 輝く

φανερόω, -ῶ 現す

Φαραώ [不変] ὁ (エジプト王) パロ

*Φαρισαῖος, -ου, ὁ パリサイ人

φέρω 運ぶ

φεύγω 逃げる

φημί 言う

φησί [現3単] < φημί

φιλέω, -ῶ 愛する

φιλία, -ας, ἡ (友) 愛

Φίλιπος, -ου, ὁ ピリポ (人名)

φίλος, -ου, ὁ 友人

φόβος, -ου, ὁ 恐れ

φοβοῦ [受現命2単] < φοβοῦμαι

*φοβοῦ(έο)μαι 恐れる

φρουρέω, -ῶ 守る

φυλακή, -ῆς, ἡ 牢獄 (a prison) (黙示 20:7)。これは地獄 ([ギ] γέεννα) (マタイ 10:28) とは異なる。

φυλάσσω(ττω) 見張る

φωνέω, -ῶ ～を～と呼ぶ

*φωνή, -ῆς, ἡ 音、声

*φῶς, φωτός, τό 光

Χ χ

*χαίρω 喜ぶ

χαρά, -ᾶς, ἡ 喜び

*χάρις, -ιτος, ἡ 恵み

*χείρ, -ρός, ἡ 手

χίλιοι, -αι, -α [数] 1,000 (千)

χόρτος, -ου, ὁ 草

χρηστός, -ή, -όν 恵み深い

Χριστιανός, -οῦ, ὁ キリスト者

*Χριστός, -οῦ, ὁ キリスト

Ψ ψ

ψάλλω 歌う

ψαλμός, -οῦ, ὁ 讃美歌

ψεῦδος, -ους, τό うそ

ψευδοπροφήτης, -ου, ὁ 偽予言者

ψεύστης, -ου, ὁ 偽り者

*ψυχή, -ῆς, ἡ (元来は息の意味) 霊魂、生命

Ω ω

ὦ [感嘆詞] ああ、おお

ὦ [現接1単] < εἰμί

*ὧδε [副] ここへ、ここに

ὠφέλιμος, [-ίμη] , -ον 有益な

ὥρα, -ας, ἡ 時

*ὡς ～のように

ὦτα [複主・対] < οὖς

ア行

- □ ああ、おお　ὦ［感嘆詞］
- □ 愛　ἀγάπη, -ης, ἡ
- □ あいさつする　ἀσπάζομαι
- □ 愛されている　ἀγαπητός, -ή, -όν［形］
- □ 愛する　ἀγαπάω, -ῶ
- □ 愛する　φιλέω, -ῶ
- □ 証し　μαρτυρία, -ας, ἡ
- □ 証しをする　μαρτυρέω, -ῶ
- □ 明らかにする　δηλόω, -ῶ
- □ 悪魔　διάβολος, -ου, ὁ
- □ 悪霊　δαιμόνιον, -ίου, τό
- □ 足　πούς, ποδός, ὁ
- □ 味わう　γεύομαι
- □ 与える　δίδωμι
- □ 頭　κεφαλή, -ῆς, ἡ
- □ アダム（人類の始祖）Ἀδάμ［不変］, ὁ
- □ 新しい（質的に）καινός, -ή, -όν［形］
- □ あなた自身の　σεαυτοῦ［再帰代］
- □ あなたの（もの）σός, σή, σόν［所有代］
- □ あなたは　σύ
- □ アブラハム（人名）Ἀβραάμ［不変］, ὁ
- □ 洗う（全身を）λούω
- □ 洗う　νίπτω
- □ 現す　φανερόω, -ῶ
- □ 歩く　περιπατέω, -ῶ
- □ あれは、あの　ἐκεῖνος, -είνη, -ο［代］
- □ あわれみ　ἔλεος, -ους, τό
- □ あわれむ　ἐλεέω, -ῶ
- □ 安息日　σάββατον, -ου, τό
- □ アンデレ（人名）Ἀνδρέας , -ου, ὁ
- □ 言う　λέγω ＞言った εἶπον［二過1単・3複］
- □ 言う　φημί
- □ 家　οἶκος, -ου, ὁ
- □ 家　οἰκία, -ας, ἡ
- □ イエス（人名）Ἰησοῦς, -οῦ, ὁ
- □ イオータ　ἰῶτα［不変］, τό
- □ 怒り　ὀργή, -ῆς, ἡ

ア行

- □ 生きる、生きている　ζάω, -ῶ
- □ 行く、旅する　πορεύομαι
- □ 意志、みむね　θέλημα, τος, τό
- □ 石　λίθος, -ου, ὁ
- □ イスラエル　Ἰσραήλ［不変］, ὁ
- □ 偉大な、大きい　μέγας, μεγάλη, μέγα［形］
- □ 1（イチ）εἷς, μία, ἕν［数］
- □ いつ　πότε［副］
- □ （〜と）いっしょに　μετά［前］（属格支配）
- □ いつも　πάντοτε［副］
- □ 偽り者　ψεύστης, -ου, ὁ
- □ 意図する、望む　βούλομαι
- □ いのち　ζωή, -ῆς, ἡ
- □ 祈る　προσεύχομαι
- □ 祈る　εὔχομαι
- □ 今、現在　ἄρτι［副］
- □ 今　νῦν［副］
- □ 戒め　ἐντολή, -ῆς, ἡ
- □ 今まで　ἕως ἄρτι
- □ いやす　θεραπεύω
- □ 岩　πέτρα, -ας, ἡ
- □ 受け入れる　δέχομαι
- □ 受け取る（人から）παραλαμβάνω
- □ 受ける　λαμβάνω
- □ うそ　ψεῦδος, -ους, τό
- □ 歌う　ψάλλω
- □ 宇宙、（この）世　κόσμος, -ου, ὁ
- □ 美しい、よい　καλός, -ή, -όν［形］
- □ 海　θάλασσα, -ης, -ἡ
- □ 生む（子を）τίκτω
- □ 〜へ、〜を求めて εἰς［前］（対格支配）
- □ 永遠、世（ある長さの時）αἰών, -ῶνος, ὁ
- □ 永遠に　εἰς τὸν αἰῶνα
- □ 永遠の　αἰώνιος, (-ία) -ον［形］
- □ 栄化する　δοξάζω
- □ 栄光　δόξα, -ης, ἡ
- □ エリヤ（人名）Ἠλίας［エーリーアース］, -ου, ὁ
- □ 得る、取る、受ける　λαμβάνω

ア行

- □ 王　βασιλεύς, -έως, ὁ
- □ 追う、責める、迫害する　διώκω
- □ 王国、支配　βασιλεία, -ας, ἡ
- □ 大きい、偉大な　μέγας, μεγάλη, μέγα [形]
- □ 多くの　πολύς, πολλή, πολύ [形]
- □ 丘、山　ὄρος, -ους, τό
- □ 置く、(いのちを)捨てる　τίθημι
- □ 奥義　μυστήριον, -ου, τό
- □ 贈り物　δῶρον, -ου, τό
- □ 送る　πέμπω
- □ 起こす、よみがえらせる　ἐγείρω
- □ 治める　ἄρχω
- □ 教え　διδαχή, -ῆς, ἡ
- □ 教える　διδάσκω
- □ 恐れ　φόβος, -ου, ὁ
- □ 恐れる　φοβοῦ(έο)μαι
- □ 落ちる　πίπτω
- □ 音、声　φωνή, -ῆς, ἡ
- □ 男、夫　ἀνήρ, ἀνδρός, ὁ
- □ 驚く　θαυμάζω
- □ オネシポロ(人名)　Ὀνησίφορος, -ου, ὁ
- □ 各々　ἕκαστος, -άστη, -ον [代]
- □ 愚かな　ἄφρων, -ον [形]
- □ 愚かな　μωρός, -ά, -όν [形]
- □ 愚かなこと　μωρία, -ας, ἡ
- □ 終わり、完了、終結　συντέλεια, -ας, ἡ
- □ 終わり　τέλος, -ους, τό
- □ 女　γυνή, -αικός, ἡ

カ行

- □ 解放者　λυτρωτής, -οῦ, ὁ
- □ 解放する、赦す　ἀπολύω
- □ 買う　ἀγοράζω
- □ 顔　πρόσωπον, -ου, τό
- □ 輝く　φαίνω
- □ かかわり、部分　μέρος, -ους, τό
- □ 書く　γράφω
- □ 賢い、知恵のある　σοφός, -ή, -όν [形]
- □ 果実、実　καρπός, -οῦ, ὁ

カ行

- □ 頭 (かしら)　κεφαλή, -ῆς, ἡ
- □ 語る、話す　λαλέω, -ῶ
- □ 勝つ、征服する　νικάω, -ῶ
- □ カナ(ガリラヤの町)　Κανά, ἡ
- □ ガブリエル(天使)　Γαβριήλ [不変], ὁ
- □ 神　θεός, -οῦ, ὁ
- □ 神によって吹き出された、神の霊による
   θεόπνευστος, -ον [形]
- □ 神よ　θεέ [呼] < θεός
- □ からだ　σῶμα, -τος, τό
- □ 害する　ἀδικέω, -ῶ
- □ ガリラヤ(地名)　Γαλιλαία, -ας, ἡ
- □ 彼、彼女、それ(は)、～自身　αὐτός, -ή, -ό
- □ 彼自身の、彼女自身の、それ自体の
   ἑαυτοῦ, -τῆς, -τοῦ [再帰代名詞]
- □ 川　ποταμός, -οῦ, ὁ
- □ (～に)代って、～のために　ὑπέρ [前](属格支配)
- □ 感謝する　εὐχαριστέω, -ῶ
- □ 完成する　τελειόω, -ῶ
- □ 完全な　τέλειος, -α, -ον [形]
- □ 患難、苦難　θλῖφις, -εως, ἡ
- □ 完了、終結、終わり　συντέλεια, -ας, ἡ
- □ 木　δένδρον, -ου, τό
- □ 木、材木　ξύλον, -ου, τό
- □ 義、正義　δικαιοσύνη, -ης, ἡ
- □ 聞く　ἀκούω　聞く[話す人を(属格支配)、聞く事柄を(対格支配)]
- □ 偽善者　ὑποκριτής, -οῦ, ὁ
- □ (～の)基礎を置く　θεμελιόω, -ῶ
- □ 基礎をすえること　καταβολή, -ῆς, -ἡ
- □ 義とする　δικαιόω, -ῶ
- □ 義なる　δίκαιος, αία, -ον [形]
- □ 昨日　ἐχθές [副]
- □ 希望　ἐλπίς, -ίδος, ἡ
- □ 着物、衣　ἔνδυμα, -τος, τό
- □ 着物、衣　ἱμάτιον, -ου, τό
- □ 今日　σήμερον [副]
- □ 教育する　παιδεύω
- □ 教会、集会　ἐκκλησία, -ας, ἡ
- □ 教師　διδάσκαλος. -ου, ὁ
- □ 兄弟　ἀδελφός, -οῦ, ὁ
- □ きよい　ἅγιος, -ία, -ον
- □ きよめる、聖別する　ἁγιάζω
- □ きよめる　καθαρίζω

カ行

□ 義なる δίκαιος, αία, -ον [形]
□ キリスト Χριστός, -οῦ, ὁ
□ キリスト者 Χριστιανός, -οῦ, ὁ
□ ギリシア人(男) Ἕλλην, -ηνος, ὁ
□ ギリシア婦人 Ἑλληνίς, -ίδος, ἡ
□ 悔い改める μετανοέω, -ῶ
□ 草 χόρτος, -ου, ὁ
□ 口(人や動物の) στόμα, -τος, τό
□ 苦難、患難 θλῖψις, -εως, ἡ
□ 暗やみ σκοτία, -ας, ἡ
□ 暗やみ σκότος, -ους, τό
□ 来る ἔρχομαι
□ 群衆 λαός, -οῦ, ὁ
□ 群衆、人だかり ὄχλος, -ου, ὁ
□ 群衆 δῆμος, -ου, ὁ
□ 結婚する γαμέω, -ῶ
□ 決して〜ない οὐ μή
□ 権限、権能 ἐξουσία, -ας, ἡ
□ 健康な、直っている ὑγιής, -ές [形]
□ 見物する、見る θεωρέω, -ῶ
□ 行動、物事 πρᾶγμα, -τος, τό
□ 公平、裁き κρίσις, -εως, ἡ
□ 荒野 ἔρημος, -ου, ἡ
□ 声、音 φωνή, -ῆς, ἡ
□ 告白する ὁμολογέω, -ῶ
□ 国民 ἔθνος, -ους, τό
□ ここへ、ここに ὧδε [副]
□ 心、心臓 καρδία, -ας, ἡ
□ 試みる πειράζω
□ 答え ἀπόκρισις, -εως, ἡ
□ 答える ἀποκρίνομαι [現1単]
□ 異なった ἕτερος, -α, -ον [形]
□ ことば λόγος, -ου, ὁ
□ ことば(語られる) ῥῆμα, -τος, τό
□ こども τέκνον, -ου, τό
□ 子羊 ἀμνός, -οῦ, ὁ
□ 5 πέντε [数]
□ ごらん、それ、見よ ἴδε [間投詞]
□ 殺す ἀποκτείνω

カ行

□ 子ろば πῶλος, -ου, ὁ
□ 衣、着物 ἔνδυμα, -τος, τό
□ こわす、解く λύω
□ 婚礼 γάμος, -ου, ὁ

サ行

□ 最後の ἔσχατος, -η, -ον [形]
□ 祭司 ἱερεύς, -έος, ὁ
□ 祭司長 ἀρχιερεύς, -έως, ὁ
□ 最初の、第一の πρῶτος, -ώτη, -ον [数]
□ 裁判官、裁く者 κριτής, -οῦ, ὁ
□ さいわいな μακάριος, -α, -ον [形]
□ 材木、木 ξύλον, -ου, τό
□ 探す ζητέω, -ῶ
□ 魚 ἰχθύς, -ύος, ὁ
□ ザカリヤ(人名) Ζαχαρίας [ザかリアース] -ου, ὁ
□ 叫ぶ κράζω
□ 叫ぶ ἐπιφωνῶ (-έω)
□ サタン σατανᾶς, -ᾶ, ὁ
□ 去って行く ὑπάγω
□ 裁き、公平 κρίσις, -εως, ἡ
□ 裁く κρίνω
□ 裁く者 κριτής, -οῦ, ὁ
□ ザラ(人名) Ζάρα [不変], ὁ
□ 3 τρεῖς [数]
□ サンダル ὑπόδημα, -τος, τό
□ 讃美歌 ψαλμός, -οῦ, ὁ
□ 賛美する、あがめる μεγαλύνω
□ 死 θάνατος, -ου, ὁ
□ 塩 ἅλας, -ατος, τό
□ しかし ἀλλά [接]
□ しかし、そして δέ
□ 仕事 ἔργον, -ου, τό
□ 使者、天使 ἄγγελος, -ου, ὁ
□ 子孫 γένος, -ους, τό
□ 子孫 ῥίζα, -ης, ἡ
□ 子孫、(植物の)種 σπέρμα, -τος, τό
□ 舌 γλῶσσα, -ης, ἡ
□ 従う、ついて行く ἀκολουθέω, -ῶ
□ したがって、そこで οὖν

サ行

- □ 下に　κάτω　[副]
- □ 知っている　οἶδα
- □ 使徒　ἀπόστολος, -ου, ὁ
- □ シナゴーグ、集会　συναγωγή, -ῆς, ἡ
- □ 死人　νεκρός, -οῦ, ὁ
- □ 死ぬ　ἀποθνήσκω
- □ 死ぬ　τελευτάω, -ῶ
- □ 支配、王国　βασιλεία, -ας, ἡ
- □ 支配者　ἄρχων, -οντος, ὁ
- □ 縛る　δέω
- □ 自分自身の　ἴδιος, -ία, -ον　[形]
- □ しもべ　δοῦλος, -ου, ὁ
- □ 主、主人　κύριος, -ου, ὁ
- □ 集会、教会　ἐκκλησία, -ας, ἡ
- □ 集会、シナゴーグ　συναγωγή, -ῆς, ἡ
- □ 収穫　θερισμός, -οῦ, ὁ
- □ 習慣　ἔθος, -ους, τό
- □ 終結、終わり、完了　συντέλεια, -ας, ἡ
- □ 囚人　δέσμιος, -ου, ὁ
- □ 十字架　σταυρός, -οῦ, ὁ
- □ 十字架につける　σταυρόω, -ῶ
- □ 12　δώδεκα　[不変][数]
- □ 受難する　πάσχω
- □ 準備する　ἑτοιμάζω
- □ 小角(ヘブライ文字の)　κεραία, -ας, ἡ
- □ 生じる、～になる　γίνομαι
- □ ～しようと思う、願う　θέλω
- □ 商売　ἐμπορία, -ας, ἡ
- □ 食物　βρῶσις, -εως, ἡ
- □ 食物　τροφή, -ῆς, ἡ
- □ 処女　παρθένος, -ου, ἡ
- □ 書物、聖書　γραφή, -ῆς, ἡ
- □ 知らせ　ἀγγελία, ας, ἡ
- □ 知る　γινώσκω
- □ しるし　σημεῖον, -ου, τό
- □ 信仰　πίστις, -εως, ἡ
- □ 真実な、忠実な　πιστός, -ή, -όν　[形]
- □ 真実(本当)の　ἀληθινός, -ή, -όν [形]
- □ 信じる　πιστεύω
- □ 心臓、心　καρδία, -ας, ἡ
- □ 神殿(境内を含む)　ἱερόν, -οῦ, τό
- □ 神殿(境内を含まない)　ναός, -οῦ, ὁ

サ行

- □ 心配する　μεριμνάω, -ῶ
- □ 真理　ἀλήθεια, -ας, ἡ
- □ 救い主　σωτήρ, -ῆρος, ὁ
- □ 救う　σώζω
- □ すぐに　εὐθέως, εὐθύς　[副]
- □ すぐに　ταχέως　[副]
- □ 勧める　παρακαλέω, -ῶ
- □ すでに　ἤδη　[副]
- □ 捨てる(いのちを)、置く　τίθημι
- □ すべて(の)　πᾶς, πᾶσα, πᾶν
- □ 住まい　μονή, -ῆς, ἡ
- □ ～することができる　δύναμαι
- □ すわる　καθίζω
- □ 正義、義　δικαιοσύνη, -ης, ἡ
- □ 聖者　ἅγιος, ὁ
- □ 聖書、書物　γραφή, -ῆς, ἡ
- □ 聖なる　ἅγιος, -ία, -ον　[形]
- □ 征服する、勝つ　νικάω, -ῶ
- □ 聖別する、きよめる　ἁγιάζω
- □ 生命、霊魂　ψυχή, -ῆς, ἡ (元来は息の意味)
- □ 説得する　πείθω
- □ 責める、迫害する、追う　διώκω
- □ 1,000(千)　χίλιοι, -αι, -α　[数]
- □ 宣教　κήρυγμα, -τος, τό
- □ 宣言する、宣べ伝える　καταγγέλλω
- □ 洗礼者　βαπτιστής, -οῦ, ὁ
- □ 全体の、そっくりそのままの　ὅλος, -η, -ον [形]
- □ 善良な　ἀγαθός, -ή, -όν　[形]
- □ 創造　κτίσις, -εως, ἡ
- □ 総督　ἡγεμών, -όνος, ὁ
- □ 束縛、(舌の)もつれ　δεσμός, -ου, ὁ
- □ そこで、したがって　οὖν
- □ そこに　ἐκεῖ　[副]
- □ そして　καί[接]
- □ 外で　ἔξω　[副]
- □ その結果、それなら　ἄρα
- □ そのとき　τότε
- □ そら、それ、見よ　ἰδού　[間投詞]
- □ 尊敬　τιμή, -ης, ἡ
- □ 尊敬する　τιμάω, -ῶ
- □ 存続する、とどまる　μένω

夕行

- □ 太陽　ἥλιος, -ίου, ὁ
- □ 第一の、最初の　πρῶτος, -ώτη, -ον [数]
- □ 大工　τέκτων, -ονος, ὁ
- □ 第三の　τρίτος, -η, -ον [数]
- □ 第二の　δεύτερος, -α, -ον [数]
- □ 絶えず　ἀδιαλείπτως [副]
- □ 助け主 (聖霊)　παράκλητος, -ου, ὁ
- □ 尋ねる、願う　ἐρωτάω, -ῶ
- □ ただ一つ (一人) の　μόνος, -η, -ου [形]
- □ たとえ話　παραβολή, -ῆς, ἡ
- □ 種 (植物の)、子孫　σπέρμα, -τος, τό
- □ 旅する、行く　πορεύομαι
- □ 旅人　ξένος, -ου, ὁ
- □ ダビデ (の)　Δαυίδ [不変], ὁ
- □ 食べる　ἐσθίω
- □ 賜物　δωρεά, -ας, ἡ
- □ だれか (someone), だれでも　τὶς [不定代]
- □ だれが (who)　τίς [疑代]
- □ 誰も (何も)～ない　οὐδείς, οὐδεμία, οὐδέν
- □ たんか、寝床　κράβα(τ)τος, -ου, ὁ
- □ 血　αἷμά, -τος, τό
- □ 地　γῆ, -ῆς, ἡ
- □ 小さい　μικρός, -ά, -όν [形]
- □ 知恵　σοφία, -τος, -ἡ
- □ 知恵のある、賢い　σοφός, -ή, -όν [形]
- □ 近づく　προσέρχομαι
- □ 力 (ちから)　δύναμις, -εως, ἡ
- □ 知識　γνῶσις, -εως, ἡ
- □ 父　πατήρ, -τρός, ὁ
- □ 忠実な、真実な　πιστός, -ή, -όν [形]
- □ 遣わす　ἀποστέλλω
- □ 造る、する、～を～にする　ποιέω, -ῶ
- □ 罪　ἁμαρτία, -ας, ἡ
- □ 罪人　ἁμαρτωλός, -οῦ, ὁ, ἡ
- □ 罪を犯す　ἁμαρτάνω
- □ 強い　ἰσχυρός, -ά, -όν [形]
- □ 連れて行く　ἀπάγω
- □ 手　χείρ, -ρός, ἡ
- □ 手紙　ἐπιστολή, -ῆς, ἡ
- □ 敵　ἐχθρός, -οῦ, ὁ

夕行

- □ 弟子　μαθητής, -οῦ, ὁ
- □ 天　οὐρανός, -οῦ, ὁ
- □ 天使、使者　ἄγγελος, -ου, ὁ
- □ 天の　οὐράνιος, -ον [形]
- □ 天幕作り (人)　σκηνοποιός, -οῦ, ὁ
- □ 天幕を張る、宿る　σκηνόω, -ῶ
- □ 戸、門　θύρα, -ας, ἡ
- □ どうして　πῶς [疑問副詞]
- □ 同労者　συνεργός, -οῦ, ὁ
- □ 時 (ちょうどよい)　καιρός, -οῦ, ὁ
- □ 時　ὥρα, -ας, ἡ
- □ ～ときに　ὅτε [接]
- □ 解く、こわす　λύω
- □ 瀆神（とくしん）　βλασφημία, -ας, ἡ
- □ どこに　ποῦ [副]
- □ 都市　πόλις, -εως, ἡ
- □ 年　ἔτος, -ους, τό
- □ とどまる、存続する　μένω
- □ 隣人　πλησίον, -ου, ὁ
- □ ともに十字架につける　συσταυρόω, -ῶ
- □ 取り上げる、(罪を) 取り除く　αἴρω
- □ 取る、得る、受ける　λαμβάνω
- □ 奴隷　δοῦλος, -ου, ὁ

ナ行

- □ ～ない　μή [否定詞] 仮定と条件の否定
- □ ～ない　οὐ [否定詞] 客観的否定
- □ ～ない (母音の前で)　οὐκ [否定詞]
- □ なお、まだ～ (でない)　ἔτι [副]
- □ 直っている、健康な　ὑγιής, -ές [形]
- □ ～の側から　ἀπό [前](属格支配)
- □ ～の中から、～に属する　ἐκ (母音の前は ἐξ)[前](属格支配)
- □ ～の中に、～に　ἐν [前](与格支配)
- □ ～の中へ　εἰς [前](対格支配)
- □ 泣く　κλαίω
- □ 投げ出す　ἐκβάλλω
- □ 投げる　βάλλω
- □ なぜ　τί [副](why)
- □ なぜなら～だから、～ということ　ὅτι [接]
- □ なだめの供え物　ἱλασμός, -οῦ, ὁ

ナ行

- □ 7 ἑπτά [不変][数]
- □ 7度（倍）ἑπτάκις [副]
- □ 何が（を）τί [中単主・対](what)
- □ 名前 ὄνομα, -τος, τό
- □ 2 δύο [数]
- □ 肉 κρέας, -έατος[対]κρέα, τό
  （動物の）肉、（食用の）肉
- □ 肉 κρέας, -έατος,（食用）[対] κρέα, τό
- □ 憎む μισέω, -ῶ
- □ 逃げる φεύγω
- □ 偽予言者 ψευδοπροφήτης, -ου, ὁ
- □ 日 ἡμέρα, -ας, ἡ
- □ ～について περί [前](属格支配)
- □ ～によって διά [前](属格支配)～によって、(対格支配)～のために
- □ 人間、人 ἄνθρωπος, -ου, ὁ
- □ 盗人 κλέπτης, -ου, ὁ
- □ 盗む κλέπτω
- □ 値打ちがある ἱκανός, -ή, -όν [形]
- □ 願う、～しようと思う θέλω
- □ 願う、尋ねる ἐρωτάω, -ῶ
- □ 寝床、たんか κράβα(τ)τος, -ου, ὁ
- □ 眠る καθεύδω
- □ 農夫 γεωργός, -οῦ, ὁ
- □ 望む、意図する βούλομαι
- □ 宣べ伝える、宣言する καταγγέλλω
- □ 宣べ伝える（キリストの福音を）κηρύσσω
- □ 登る ἀναβαίνω
- □ 飲む πίνω

ハ行

- □ はいって行く、はいる εἰσέρχομαι
- □ パウロ（人名）Παῦλος, -ου, ὁ
- □ 迫害する、追う、責める διώκω
- □ 運ぶ φέρω
- □ 初め ἀρχή, -ῆς, ἡ
- □ 始める ἄρχομαι [中]
- □ 場所 τόπος, -ου, ὁ
- □ 走る τρέχω
- □ 働く ἐργάζομαι
- □ 発見する、見つける εὑρίσκω
- □ 花 ἄνθος, -ους, τό

ハ行

- □ 話す、語る λαλέω, -ῶ
- □ 母 μήτηρ, -τρός, ἡ
- □ バプテスマ βάπτισμα, -τος, τό
- □ バプテスマする βαπτίζω
- □ 速い ταχύς [形]
- □ バラバ（人名）Βαραββᾶς, -ᾶ, ὁ
- □ パリサイ人 Φαρισαῖος, -ου, ὁ
- □ パロ（エジプト王）Φαραώ [不変] ὁ
- □ パン ἄρτος, -ου, ὁ
- □ 反キリスト ἀντίχριστος, -ου, ὁ
- □ ハンセン病患者（男）λεπρός, -οῦ, ὁ
- □ 火 πῦρ, πυρός, τό
- □ 光 φῶς, φωτός, τό
- □ 羊 πρόβατον, -ου, τό
- □ 羊飼い ποιμήν, -ένος, ὁ
- □ 否定する ἀπαρνοῦμαι
- □ 人、人間 ἄνθρωπος, -ου, ὁ
- □ 人だかり、群衆 ὄχλος, -ου, ὁ
- □ 一つ ἕν [数]
- □ 開く ἀνοίγω
- □ ピラト（人名）Πιλᾶτος, -ου, ὁ
- □ ピリポ（人名）Φίλιππος (<φίλος 愛している＋ ἵππος 馬) -ου, ὁ
- □ 福音 εὐαγγέλιον, -ου, τό
- □ 福音を告げる εὐαγγελίζομαι
- □ 婦人 γυνή, -αικός, ἡ
- □ 再び πάλιν [副]
- □ 復活 ἀνάστασις, -εως, ἡ
- □ 復活させる ἐγείρω
- □ 舟 πλοῖον, -ου, τό
- □ 不法 ἀνομία, -ας, ἡ
- □ ぶどう酒 οἶνος, -ου, ὁ
- □ ぶどうの木 ἄμπελος, -ου, ἡ
- □ 部分、かかわり μέρος, -ους, τό
- □ 分裂（争）σχίσμα, -τος, τό
- □ 平安、平和 εἰρήνη, -ης, ἡ
- □ ペテロ（人名）Πέτρος, -ου, ὁ
- □ 葬る、埋葬する θάπτω
- □ ほかの ἄλλος, -η, -ο [形]
- □ 星 ἀστήρ, -έρος, ὁ
- □ 保持する τηρέω, -ῶ
- □ 欲する θέλω
- □ 施し ἐλεημοσύνη, -ης, ἡ
- □ 滅びる（永遠に）ἀπόλλυμι

マ行

- □ 埋葬する、葬る θάπτω
- □ (〜の) 前に ἔμπροσθεν [前] (属格支配)
- □ 巻き物 βιβλίον, -ου, τό
- □ まことに ἀμήν [副]
- □ まことに ἀληθῶς [副]
- □ まことの ἀληθής, -ής, -ές [形]
- □ まことの ἀληθινός, -ή, -όν [形]
- □ 貧しい πτωχός, -ή, -όν [形]
- □ また πάλιν [副]
- □ また〜でもない οὐδέ [副]
- □ まだ〜 (でない)、なお ἔτι [副]
- □ 全うする τελειόω, -ῶ
- □ 〜まで ἕως [前]
- □ 惑わす者 πλάνος, -ου, ὁ
- □ マナ μάνα [不変], τό
- □ 学ぶ μανθάνω
- □ 学ぶ者 μαθητής, -οῦ, ὁ
- □ 守る φρουρέω, -ῶ
- □ マリヤ (人名) Μαρία [マリアー] -ας, ἡ
- □ 実、果実 καρπός, -οῦ, ὁ
- □ 見えるもの εἶδος, -ους, τό
- □ 水 ὕδωρ, ὕδατος, τό
- □ 水差し ξέστης, -ου, ὁ
- □ 湖 θαλάσση (女単与＜θάλασσα, ἡ 海、湖)
- □ 満たす πληρόω, -ῶ
- □ 道 ὁδός, -οῦ, ἡ
- □ 導く ἄγω
- □ 見張る φυλάσσω(ττω)
- □ 耳 οὖς, ὠτός, τό
- □ みむね、意志 θέλημα, τος, τό
- □ 見よ、そら、それ ἰδού [間投詞]
- □ 見よ、ごらん、それ ἴδε [間投詞]
- □ 見る βλέπω
- □ 見る ὁράω, -ῶ
- □ 見る、見物する θεωρέω, -ῶ

マ行

- □ 宮 ναός, -οῦ, ὁ
- □ (〜と) 向き合って、〜のところへ πρός [前] (対格支配)
- □ 報い μισθός, -οῦ, ὁ
- □ むしろ μᾶλλον [副]
- □ むずかしい δύσκολος, -ον [形]
- □ 息子 υἱός, -οῦ, ὁ
- □ 娘 θυγάτηρ, ἡ
- □ むなしい κενός, -ή, -όν [形]
- □ 目 ὀφθαλμός, -οῦ, ὁ
- □ 恵み χάρις, -ιτος, ἡ
- □ 恵み深い χρηστός, -ή, -όν
- □ (父が子を) もうける γεννάω
- □ 盲人 τυφλός, -οῦ, ὁ
- □ モーセ (人名) Μωϋσῆς, -έως, ὁ
- □ もし〜ならば ἐάν [接]
- □ もし〜ならば εἰ [接]
- □ 持つ ἔχω
- □ (舌の) もつれ、束縛 δεσμός, -ου, ὁ
- □ (〜に) 基づいて κατά [前] [対格支配]
- □ 求める αἰτέω, -ῶ
- □ 〜も〜ない οὔτε...οὔτε [副]
- □ 物事、行動 πρᾶγμα, -τος, τό
- □ もはや (もう) 〜ない οὐκέτι [副]
- □ 門、戸 θύρα, -ας, ἡ

ヤ行

☐ 約束　ἐπαγγελία, -ας, ἡ

☐ ヤコブ (人名)　Ἰάκωβος, ὁ

☐ 宿る、天幕を張る　σκηνόω, -ῶ

☐ 山、丘　ὄρος, -ους, τό

☐ 有益な　ὠφέλιμος, [-ίμη] , -ον

☐ 友人　φίλος, -ου, ὁ

☐ ゆだねる　παρατίθημι

☐ ユダヤ人　Ἰουδαῖος, -ου, ὁ

☐ 赦し　ἄφεσις, -εως, ἡ; [単対]< ἄφεσιν

☐ 赦す、解放する　ἀπολύω

☐ 世 (ある長さの時)、永遠　αἰών, -ῶνος, ὁ

☐ (この) 世、宇宙　κόσμος, -ου, ὁ

☐ よい、美しい　καλός, -ή, -όν [形]

☐ 良い、善良な　ἀγαθός, -ή, -όν

☐ 幼児　παιδίον, -ου, τό

☐ ～ような (仕方) 方法で ὡς; ちょうど～のように
　καθώς

☐ 預言者　προφήτης, -ου, ὁ

☐ よこしまな　πονηρός, -ά, -όν [形]

☐ 呼ぶ、～を～と呼ぶ　καλέω, -ῶ

☐ (～を～と) 呼ぶ　φωνέω, -ῶ

☐ よみがえらせる、起こす　ἐγείρω

☐ 読む、朗読する　ἀναγινώσκω

☐ より多くの ([形]πολύς の比較級) πλείων

☐ より早く、より速やかに　τάχιον [副]

☐ ～よりも、または　ἤ [接]

☐ 夜　νύξ, -κτός, ἡ

☐ ヨルダン川　Ἰορδάνης, -ου, ὁ

☐ 喜ばせる　ἀρέσκω [与格支配]

☐ 喜び　χαρά, -ᾶς, ἡ

☐ 喜ぶ　χαίρω

☐ 弱い　ἀσθενής, -ής, -ές [形]

ラ行

☐ ラッパを吹く　σαλπίζω

☐ 律法　νόμος, -ου, ὁ

☐ 漁師　ἁλιεύς, -έως, ὁ

☐ 隣人　πλησίον, -ου, ὁ

☐ 霊　πνεῦμα, -τος, τό

☐ 霊魂 (元来は息の意味)、生命　ψυχή, -ῆς, ἡ

☐ 礼拝する　προσκυνέω, -ῶ

☐ ろうあ者 (男)　κωφός, -οῦ, ὁ

☐ 牢獄 (a prison)(黙示 20:7)　φυλακή, -ῆς, ἡ

☐ ろば　ὄνος, -ου, ὁ, ἡ

ワ行

☐ 若者　νεανίας, -ου, ὁ

☐ 分ける　ἀφορίζω

☐ わずかな　ὀλίγος, -η, -ον [形]

☐ 私自身の　ἐμαυτοῦ [再帰代]

☐ 私の　ἐμός, -ή, -όν [所有形容詞]

☐ 私 (は)　ἐγώ [代]

☐ 悪い　κακός, -ή, -όν [形]

1　新約聖書のギリシア語辞典

i 　岩隈　直　　新約ギリシヤ語 (山本書店 1977 年)
ii 　織田　昭　　新約聖書ギリシア語小辞典 (教文館 2002 年)
iii 　玉川　直重　新約聖書ギリシア語辞典 (キリスト新聞社 1987 年)
iv 　Abbott- Smith, Manual Greek Lexicon of the New Testament
　　 (T. &T. Clark, 1968)
v 　Bauer (Arndt-Gingrich) rev. Gingrich-Danker A Greek-English Lexicon of The
　　 New Testament and other Early Christian Literature
　　 (The Univ. of Chicago Press, 1979)

2　新約聖書逆引辞典 (変化形から原形を知る辞典)

i 　岩隈　直　新約ギリシヤ語逆引辞典 (山本書店 1977 年)
ii 　The Analytical Greek Lexicon (S. Bagster, Paperback 2018)
iii 　Wigram: The Analytical Greek Lexicon (Associated Publishers & Authors, 1981)

3　新約聖書逐語対訳ギリシア語－日本語；－英語

i 　白畑　司編 : 逐語対訳「インターリニア・ギリシャ語新約聖書」各巻文法説明付
ii 　有田　貞一編訳 (監修野口　誠): 新約聖書逐語対訳「ローマ人への手紙」
　　 文法説明付 (出版予定)
iii 　A. Marshall, The Interlinear Greek-English New Testament (S. Bagster, 1984)
iv 　Brown & Comfort, The New Greek-English Interlinear New Testament
　　 (Tyndale, 1990)
v 　G. R. Berry, The Interlinear Greek-English New Testament (Zondervan, 1975)
vi 　J. Green, The Interlinear Hebrew/ Greek English Bible Vol.4
　　 (The New Testament) (Associated Publishers and Authors, 1979)

4　新約聖書ギリシア語入門

i 　玉川　直重 (監修土岐健治)「新約聖書ギリシア語独習」(キリスト新聞社 2008 年)
ii 　野口　誠「聖書ギリシア語四週間」(いのちのことば社 1992 年)
iii 　野口　誠「聖書ギリシア語入門」(いのちのことば社 1990 年)
iv 　大貫　隆「新約聖書ギリシア語入門」(岩波書店 2004 年)

5　新約聖書ギリシア語文法

Dena and Mantey, A Manual Grammar of the Greek New Testament
(MacMillan, 1955)

ハレルヤ

ハレルヤ（ἀλληλουϊά［ハるれーるーイ**ア**]）はヘブライ語で「（「あなたがたは」主［ヤハ＝ヤハウエ］をさんびしなさい」の意味であったが、それがギリシア語に音写され、「主をほめたたえよ」の意味で黙示録19:1-6にだけ見られる。

ここに記載の問題は「聖書検定ギリシア語【初級】」の例題です。本試験の参考としてください。

本試験では次のような問題が約 50 問出題されます。全て記号で答える選択問題です。

※本試験では解答用紙が別にあります。解答用紙を同封の封筒に入れて、聖書検定協会に返信いただきます。

問．　次のギリシア語の文章ついて、カッコ内に当てはまる最も適切な語句の記号を
四角の中から一つ選択してください。

（1） γινώσκομεν.

（　　　　）は知っている。

㋑ 私	㋺ あなたがた	㋩ 彼ら	㋥ 私たち

（2） ὁ ἀπόστολος λέγει τῷ δούλῳ τὸν λόγον τοῦ θεοῦ.

その使徒は、その（　　　　）に神のことばを語る。

㋑ 弟子	㋺ しもべ	㋩ 教師	㋥ 祭司

（3） ἡμεῖς ἐκ τοῦ θεοῦ（　　　　　　）.

わたしたちは神から出ている。（ 1 ヨハネ 4:6）

㋑ ἐσμεν	㋺ ἐστε	㋩ εἰσιν	㋥ ἐστιν

（4）（　　　　　　）εἶ, κύριε;

主よ、あなたはどなたですか。（ 使徒 26:15）

㋑ τίς	㋺ τίνος	㋩ τίνι	㋥ τίνα

（5） οἱ δοῦλοι（　　　　　　）ὑπὸ τοῦ Χριστοῦ.

そのしもべたちはキリストによって解放される。

㋑ λύεται	㋺ λυόμεθα	㋩ λύεσθε	㋥ λύονται

解答用紙		聖書検定語学部門・ギリシア語【初級】試験		
1	2	3	4	5

ここに記載の問題は「聖書検定ギリシア語【上級（中級を含む）】」の例題です。本試験の参考としてください。

本試験では次のような問題が約55問出題されます。記号で答える選択問題が中心です。

※本試験では解答用紙が別にあります。解答用紙を同封の封筒に入れて、聖書検定協会に返信いただきます。

問． 次のギリシア語の文章ついて、カッコ内に当てはまる最も適切な語句の記号を四角の中から一つ選択してください。

（1）ὁ κύριος（　　　　　）τὸν δοῦλον.

その主人はその奴隷を解放する。

㋑ λύω	㋺ λύεις	㋩ λύει	㋥ λύομεν

（2）ὁ προφήτης（　　　　　）ἡμῖν τὸν λόγον τοῦ θεοῦ.

その預言者はわたしたちに神のことばを語ってしまっている。

㋑ λελάληκα	㋺ λελάληκας	㋩ λελάληκεν	㋥ λελαλήκαμεν

（3）μὴ ταῦτα（　　　　　）.

それらのことをしてはいけない。

㋑ ποίει	㋺ ποιήσεις	㋩ ποιήσῃς	㋥ ποιεῖς

（4）ὡς（　　　　　）ἦλθον πρὸς αὐτόν.

彼らはできるかぎり早く彼のところに来た。

㋑ ταχέως	㋺ τάχιον	㋩ τάχιστα	㋥ ταχύ

（5）（　　　　　）γραφὴ ἐστιν θεόπνευστος.

聖書はすべて神によって吹き出たものである。

㋑ πᾶς	㋺ πᾶσα	㋩ πᾶν	㋥ πᾶσαι

解答用紙		**聖書検定語学部門・ギリシア語【上級（中級を含む）】試験**		
1	2	3	4	5

第 1 課から第 40 課の、ギリシア語の書写を集めました。声に出して読み、意味を理解し、書写をしてください。
最初は、薄い文字をなぞり、次にはご自分で書いてみてください。コピーして練習しても良いと思います。

α β γ δ ε ζ η θ ι κ λ μ ν
ξ ο π ρ σ ς τ υ φ χ ψ ω

α β γ δ ε ζ η θ ι κ λ μ ν
ξ ο π ρ σ ς τ υ φ χ ψ ω

Aα	Bβ	Γγ	Δδ	Eε	Zζ
[ア，アー]	[ブ]	[グ]	[ドゥ]	[エ]	[ズ]
Ηη	Θθ	Ιι	Κκ	Λλ	Μμ
[エー]	[す]	[イ，イー]	[ク]	[る]	[ム]
Νν	Ξξ	Οο	Ππ	Ρρ	Σσ,ς
[ン]	[クス]	[オ]	[ブ]	[ル]	[ス]
Ττ	Υυ	Φφ	Χχ	Ψψ	Ωω
[ト]	[ゆ，ゆー]	[ふ]	[く]	[プス]	[オー]

Αα Bβ Γγ Δδ Eε Zζ
Ηη Θθ Ιι Κκ Λλ Μμ
Νν Ξξ Οο Ππ Ρρ Σσ,ς
Ττ Υυ Φφ Χχ Ψψ Ωω

書写は
右頁→

【7つの母音と発音】

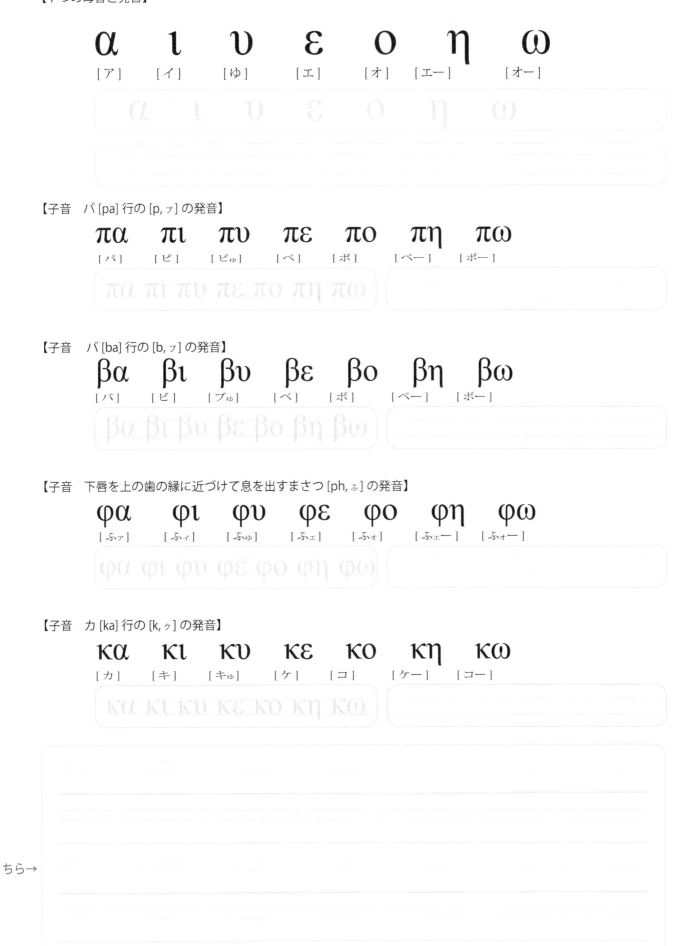

α ι υ ε ο η ω

[ア] [イ] [ゅ] [エ] [オ] [エー] [オー]

【子音 パ [pa] 行の [p, プ] の発音】

πα πι πυ πε πο πη πω

[パ] [ピ] [ピゅ] [ペ] [ポ] [ペー] [ポー]

【子音 バ [ba] 行の [b, プ] の発音】

βα βι βυ βε βο βη βω

[バ] [ビ] [ブゅ] [ベ] [ボ] [ベー] [ボー]

【子音 下唇を上の歯の縁に近づけて息を出すまさつ [ph, ふ] の発音】

φα φι φυ φε φο φη φω

[ふァ] [ふィ] [ふゅ] [ふェ] [ふォ] [ふェー] [ふォー]

【子音 カ [ka] 行の [k, ヶ] の発音】

κα κι κυ κε κο κη κω

[カ] [キ] [キゅ] [ケ] [コ] [ケー] [コー]

ちら→

【子音　ガ [ga] 行の [g, グ] の発音】

γα　γι　γυ　γε　γο　γη　γω
[ガ]　[ギ]　[ギゅ]　[ゲ]　[ゴ]　[ゲー]　[ゴー]

γα γι γυ γε γο γη γω

【子音　けんようすい (のどぼとけ) を振るわせてのどの奥から出す強い気息 (kh) の発音】

χα　χι　χυ　χε　χο　χη　χω
[か]　[き]　[きゅ]　[け]　[こ]　[けー]　[こー]

χα χι χυ χε χο χη χω

【子音　タ [ta] 行の [t,ト] の発音】

τα　τι　τυ　τε　το　τη　τω
[タ]　[ティ]　[テゅ]　[テ]　[ト]　[テー]　[トー]

τα τι τυ τε το τη τω

【子音　ダ [da] 行の [d,ド] の発音】

δα　δι　δυ　δε　δο　δη　δω
[ダ]　[ディ]　[デゅ]　[デ]　[ド]　[デー]　[ドー]

δα δι δυ δε δο δη δω

【子音　舌の先を上の歯にあてたまま強い息を出す [th,ス] の発音】

θα　θι　θυ　θε　θο　θη　θω
[さ]　[すィ]　[すゅ]　[せ]　[そ]　[せー]　[そー]

θα θι θυ θε θο θη θω

【子音　舌先を軽く上の歯の裏にあてたまま舌の両側から声帯を響かせて出す [l,る] の発音】

λα　λι　λυ　λε　λο　λη　λω
[ら]　[り]　[りゅ]　[れ]　[ろ]　[れー]　[ろー]

λα λι λυ λε λο λη λω

【子音　ラ [ra] 行の音。日本語とちがって舌を歯茎につけないで声帯を響かせて出す [r,ル] 発音】

ρα　ρι　ρυ　ρε　ρο　ρη　ρω
[ラ]　[リ]　[リゅ]　[レ]　[ロ]　[レー]　[ロー]

ρα ρι ρυ ρε ρο ρη ρω

【子音　マ [ma] 行の [m, ㎡] の発音】

μα　μι　μυ　με　μο　μη　μω

[マ]　[ミ]　[ムゅ]　[メ]　[モ]　[メー]　[モー]

μα μι μυ με μο μη μω

【子音　ナ [na] 行の [n, ン] の発音】

να　νι　νυ　νε　νο　νη　νω

[ナ]　[ニ]　[ヌゅ]　[ネ]　[ノ]　[ネー]　[ノー]

να νι νυ νε νο νη νω

【子音　サ [sa] 行の [s, ス] の音。σ は単語のはじめか、中で使われ、ς は単語の終わりに使う。】

σα　σι　συ　σε　σο　ση　σω

[サ]　[スィ]　[スゅ]　[セ]　[ソ]　[セー]　[ソー]

σα σι συ σε σο ση σω

【二重母音】

αι　αυ　ει　ευ　οι　ου　υι　ᾳ　ῃ　ῳ

[アィ]　[アゥ]　[エィ]　[エゥ]　[オィ]　[ウー]　[ゅィ]　[アー]　[エー]　[オー]

αι αυ ει ευ οι ου υι ᾳ ῃ ῳ

【重子音　ㄌサ [ksa] の [ks, クス] の発音】

ξα　ξι　ξυ　ξε　ξο　ξη　ξω

[ㄌサ]　[ㄌスィ]　[ㄌスゅ]　[ㄌセ]　[ㄌソ]　[ㄌセー]　[ㄌソー]

ξα ξι ξυ ξε ξο ξη ξω

【重子音　ㄅサ [psa] の [ps, ㄅス] の音。π+ς の発音】

ψα　ψι　ψυ　ψε　ψο　ψη　ψω

[ㄅサ]　[ㄅスィ]　[ㄅスゅ]　[ㄅセ]　[ㄅソ]　[ㄅセー]　[ㄅソー]

ψα ψι ψυ ψε ψο ψη ψω

【重子音　ザ [za] 行の [z, ズ] の発音】

ζα　ζι　ζυ　ζε　ζο　ζη　ζω

[ザ]　[ズィ]　[ズゅ]　[ゼ]　[ゾ]　[ゼー]　[ゾー]

ζα ζι ζυ ζε ζο ζη ζω

【第1課】 ἐγώ εἰμι ὁ χριστός.

エゴー　エィミ　ホ　くリーストス

「わたしはキリストである」（マタイ 24:5）

ἐγώ εἰμι ὁ χριστός.

【第2課】 ἐγώ εἰμι ὁ ἄρτος τῆς ζωῆς.

エゴー　エィミ　ホ　アルトス　テース　ゾーエ〜ス

「わたしがいのちのパンです」（ヨハネ 6:35）

ἐγώ εἰμι ὁ ἄρτος τῆς ζωῆς.

【第3課】 ἐγώ εἰμι ἡ ὁδὸς καὶ ἡ ἀλήθεια καὶ ἡ ζωή.

エゴー　エィミ　ヘー　ホドス　カィ　ヘー　アれーセィア　カィ　ヘー　ゾーエー

「わたしが道であり、真理であり、いのちなのです」（ヨハネ 14:6）

ἐγώ εἰμι ἡ ὁδὸς καὶ ἡ ἀλήθεια καὶ ἡ ζωή.

【第4課】 ἐγώ εἰμι τὸ Α καὶ τὸ Ω.

エゴー　エィミ　ト　アるふァ　カィト　オー・メガ

「わたしはアルファであり、オメガである。」（黙示 21:6）

ἐγώ εἰμι τὸ Α καὶ τὸ Ω.

【第5課】 ὁ προφήτης λέγει πάλιν.

ホ　プロふェーテース　れゲィ　パリン

その預言者は再び語る。

ὁ προφήτης λέγει πάλιν.

【第6課】 πιστεύω.

ピステゥオー

「信じます。」（マルコ 9:24）

πιστεύω.

【第7課】 Ὑμεῖς ἐστε τὸ φῶς τοῦ κόσμου.

ヒューメイス　エステ　ト　フォース　トゥ〜　コスムー

「あなたがたは世の光です。」（マタイ 5:14）

Ὑμεῖς ἐστε τὸ φῶς τοῦ κόσμου.

【第8課】 ἐγὼ λέγω τὸν λόγον τοῦ θεοῦ.

エゴー　れゴー　トン　ろゴン　トゥ〜　せウ〜

私は神のことばを語る。

ἐγὼ λέγω τὸν λόγον τοῦ θεοῦ.

【第9課】 ὁ πατήρ μου ὁ γεωργός ἐστιν.

ホ　パテール　ムー　ホ　ゲオルゴス　エスティン

「私の父は農夫である。」（ヨハネ 15:1）

ὁ πατήρ μου ὁ γεωργός ἐστιν.

【第10課】 ἐγὼ καὶ ὁ πατὴρ ἕν ἐσμεν.

エゴー　カィ　ホ　パテール　ヘン　エスメン

「わたしと父とは一つである。」（ヨハネ 10:30）

ἐγὼ καὶ ὁ πατὴρ ἕν ἐσμεν.

【第11課】 ἐγώ εἰμι ὁ ποιμὴν ὁ καλός.

エゴー　エィミ　ホ　ポィメーン　ホ　カろス

「わたしはよい羊飼いである。」（ヨハネ 10:11）

ἐγώ εἰμι ὁ ποιμὴν ὁ καλός.

【第12課】 τοῦτό ἐστιν τὸ αἷμά μου.

トゥ～ト　エスティン　ト　ハィマ　ムー

「これはわたしの血である。」（マルコ 14:24）

τοῦτό ἐστιν τὸ αἷμά μου.

【第13課】 ἡμεῖς ἐκ τοῦ θεοῦ ἐσμεν.

ヘーメィス　エク　トゥ～　せウ～　エスメン

「私たちは神から出た者である。」（Ⅰヨハネ 4:6）

ἡμεῖς ἐκ τοῦ θεοῦ ἐσμεν.

【第14課】 εἴ τις ἐν Χριστῷ, καινὴ κτίσις.

エイ　ティス　エン　くリースト～　カィネー　クティスィス

「だれでもキリストのうちにあるなら、その人は新しく作られたた者である。」（Ⅱコリント 5:17）

εἴ τις ἐν Χριστῷ, καινὴ κτίσις.

【第15課】 Ἰάκωβός ἐστιν ἀπόστολος.

イアコーボス　エスティン　アポストろス

ヤコブは使徒である。

Ἰάκωβός ἐστιν ἀπόστολος.

【第16課】ὁ ἱερεὺς ὃν Μαρία γινώσκει ἐστὶν Ζαχαρίας.

ホ　ヒェレゥス　ホン　マリアー　ギーノースケィ　エスティン　ザかリアース

マリヤが知っているその祭司はザカリヤである。

ὁ ἱερεὺς ὃν Μαρία γινώσκει ἐστὶν Ζαχαρίας.

【第17課】λέγω

れゴー

私は言う

λέγω

【第18課】οἱ δοῦλοι λύονται ὑπὸ τοῦ Χριστοῦ.

ホィ　ドゥ～ろィ　りゅオンタィ　ヒュポ　トゥ～　くリーストゥ～

そのしもべたちはキリストによって解放される。

οἱ δοῦλοι λύονται ὑπὸ τοῦ Χριστοῦ.

【第19課】ἐβαπτίζοντο ὑπ' αὐτοῦ ἐν τῷ Ἰορδάνῃ ποταμῷ.

エバプティゾント　ヒュパゥトゥ～　エン　ト～　イオルダネー　ポタモ～

「彼らはヨルダン川で彼からバプテスマを受けていた。」（マタイ 3:6）

ἐβαπτίζοντο ὑπ' αὐτοῦ ἐν τῷ Ἰορδάνῃ ποταμῷ.

【第20課】τοῦτο τὸ εὐαγγέλιον κηρυχθήσεται αὐτοῖς.

トゥ～ト　ト　エゥアンゲりオン　ケーリゅくせーセタィ　アゥトィス

この福音は彼らに宣べ伝えられるであろう。

τοῦτο τὸ εὐαγγέλιον κηρυχθήσεται αὐτοῖς.

ギリシア語書き方練習（書写）

【第21課】ἐγώ εἰμι ἡ ἄμπελος ἡ ἀληθινή.

エゴー　エイミ　ヘー　アムペロス　ヘー　アレーすィネー

わたしはまことのぶどうの木である。（ヨハネ 15:1）

ἐγώ εἰμι ἡ ἄμπελος ἡ ἀληθινή.

【第22課】ἐβαπτίσθημεν εἰς Χριστὸν Ἰησοῦν.

エバッティスせーメン　エイス　くリーストン　イェース〜ン

わたしたちはキリスト・イエスにあずかるためにバプテスマされた。（ローマ 6:3）

ἐβαπτίσθημεν εἰς Χριστὸν Ἰησοῦν.

【第23課】ἡ οἰκία οὐκ ἔπεσεν· τεθεμελίωτο γάρ ἐπὶ τὴν πέτραν.

ヘー　オィキア　ウーク　エペセン　テせメりオート　ガル　エピ　テーン　ペトラン

その家は倒れなかった。なぜならそれは岩の上に建てられていたからです。（マタイ 7:25）

ἡ οἰκία οὐκ ἔπεσεν· τεθεμελίωτο γάρ ἐπὶ τὴν πέτραν.

【第24課】αὐτὸς λούεται τὸν ἵππον.

アゥトス　るーエタィ　トン　ヒッポン

彼は自分のためにその馬を洗う。

αὐτὸς λούεται τὸν ἵππον.

【第25課】ἐγὼ πρὸς τὸν πατέρα πορεύομαι.

エゴー　プロス　トン　パテラ　ポレゥーオマィ

わたしは父のもとに行く。（ヨハネ 14:12）

ἐγὼ πρὸς τὸν πατέρα πορεύομαι.

【第26課】 ὁ γεωργός ἐστιν ἀγαθὸς ἄνθρωπος.

ホ　ゲオールゴス　エ_スティン　アガそ_ス　ア_ンすローポス

その農夫は善良な人である。

ὁ γεωργός ἐστιν ἀγαθὸς ἄνθρωπος.

【第27課】 ὁ θεὸς ἔστιν.

ホ　せオ_ス　エ_スティン

神は存在する。

ὁ θεὸς ἔστιν.

【第28課】 ὁ ἔχων τὸν υἱὸν ἔχει τὴν ζωήν.

ホ　エこーン　トン　ヒゆゐオン　エけィ　テーン　ゾーエーン

御子を持つ者は命を持つ。(Ⅰヨハネ 5:12)

ὁ ἔχων τὸν υἱὸν ἔχει τὴν ζωήν.

【第29課】 κύριε, θέλομεν τὸν Ἰησοῦν ἰδεῖν.

キゅリエ　せろメン　トン　イェース〜ン　ィディン

ご主人さま。私たちはイエスにお目にかかりたいのです。(ヨハネ 12:21)

κύριε, θέλομεν τὸν Ἰησοῦν ἰδεῖν.

【第30課】 μόνον πίστευσον καὶ σωθήσεται.

モノン　ピ_ステゥソン　カィ　ソーせーセタィ

ただ信じなさい。そうすればその者はすぐに助かります。(ルカ 8:50)

μόνον πίστευσον καὶ σωθήσεται.

【第31課】 ἐάν τι αἰτήσητέ με ἐν τῷ ὀνόματί μου, ἐγὼ ποιήσω.

エアン ティ アィテーセーテ メ エン ト オノマティ ムー エゴー ポィエーソー

あなたがたがわたしに何事でもわたしの名によって求めるならば、わたしはそれをかなえてあげよう。（ヨハネ 14:14）

ἐάν τι αἰτήσητέ με ἐν τῷ ὀνόματί μου, ἐγὼ ποιήσω.

【第32課】 εἰ ἐγνώκειτέ με, καὶ τὸν πατέρα μου ἂν ᾔδειτε.

エィ エグノーケィテ メ カィ トン パテラ ムー アン エーディテ

もしあなたがたがわたしを知っていたなら、わたしの父をも知っていただろう。（ヨハネ 14:7）

εἰ ἐγνώκειτέ με, καὶ τὸν πατέρα μου ἂν ᾔδειτε.

【第33課】 Αὐτὸς δὲ ὁ κύριος τῆς εἰρήνης δῴη ὑμῖν τὴν εἰρήνην.

アゥトス デ ホ キゅーリオス テ～ス エィレーネース ドーエー ヒゅーミ～ン テーン エィレーネーン

さて、どうか平和の主ご自身があなたがたに平和を与えてくださるように。（IIテサロニケ 3.16）

Αὐτὸς δὲ ὁ κύριος τῆς εἰρήνης δῴη ὑμῖν τὴν εἰρήνην.

【第34課】 ὁ δὲ μικρότερος ἐν τῇ βασιλείᾳ τῶν οὐρανῶν μείζων αὐτοῦ ἐστιν.

ホ デ ミぅロテロス エン テ～ バスィれィアー ト～ン ウーラノ～ン メィゾーン アゥトゥウ～ エスティン

しかし天国で一番小さい者も彼よりは偉大である。（マタイ 11:11）

ὁ δὲ μικρότερος ἐν τῇ βασιλείᾳ τῶν οὐρανῶν μείζων αὐτοῦ ἐστιν.

【第35課】 Χριστὸς ἅπαξ περὶ ἁμαρτιῶν ἀπέθανεν.

くリーストス ハパクス ペリ ハマルティオ～ン アペさネン

キリストはひとたび罪の（あがないの）ゆえに死んだ。（Iペテロ 3:18）

Χριστὸς ἅπαξ περὶ ἁμαρτιῶν ἀπέθανεν.

【第36課】ἡ ἐμὴ διδαχὴ οὐκ ἔστιν ἐμὴ ἀλλὰ τοῦ πέμψαντός με.

ヘー　エメー　ディダけー　ウーク　エスティン　エメー　あらら　トウ～　ペムプサントス　メ

わたしの教えは、わたしのものではなく、わたしをつかわされた方のものである。（ヨハネ 7:16）

ἡ ἐμὴ διδαχὴ οὐκ ἔστιν ἐμὴ ἀλλὰ τοῦ πέμψαντός με.

【第37課】πᾶσα γραφὴ θεόπνευστος καὶ ὠφέλιμος πρὸς διδασκαλίαν.

パ～サ　グラふェー　せオプネゥストス　カィ　オーふェりモス　プロス　ディダスカりアン

聖書はすべて神によって吹き出されたもので、教えに有益である。（Ⅱテモテ 3:16）

πᾶσα γραφὴ θεόπνευστος καὶ ὠφέλιμος πρὸς διδασκαλίαν.

【第38課】τιμῶ τὸν πατέρα μου.

ティモ～　トン　パテラ　ムー

わたしはわたしの父を敬っている。（ヨハネ 8:49）

τιμῶ τὸν πατέρα μου.

【第39課】τοῖς ἀγαπῶσιν τὸν θεὸν πάντα συνεργεῖ ὁ θεὸς εἰς ἀγαθόν.

トィス　アガポ～スィン　トン　せオン　パンタ　スゅネルゲィ　ホ　せオスエィス　アガそン

神は、神を愛する者たちの益のためにすべてのことをあい働かせる。（ローマ 8:28）

τοῖς ἀγαπῶσιν τὸν θεὸν πάντα συνεργεῖ ὁ θεὸς εἰς ἀγαθόν.

【第40課】Κἀγὼ ὑμῖν λέγω, αἰτεῖτε καὶ δοθήσεται ὑμῖν.

カーゴー　ヒゅーミ～ン　れゴー　アィティテ　カィ　ドせーセタィ　ヒゅーミ～ン

そしてわたしはあなたがたに言う。求めなさい。そうすればあなたがたに与えられるであろう。（ルカ 11:9）

Κἀγὼ ὑμῖν λέγω, αἰτεῖτε καὶ δοθήσεται ὑμῖν.

みことばカードの使い方について

〈掲載内容と使い方〉

●本誌中に掲載されてるギリシア語のみことばカードを掲載しています。
みことば（聖書のことば・聖句<ruby>聖句<rt>せいく</rt></ruby>）を覚えるのにお役立ください。

←
●ポストカードサイズです。
お好みによって、破線<ruby>破線<rt>はせん</rt></ruby>で切り取って、
ご活用ください。

→

●ちょうど裏面に当たるところに、同じ箇所の日本語の
みことば（聖句）を記載しています。
切り取ってご活用するときに便利です。

●同じ箇所のみことば（聖句）を新共同訳聖書<ruby>新共同訳<rt>しんきょうどうやく</rt></ruby>と、新改
訳<ruby>訳<rt>やく</rt></ruby>聖書で記載しています。

聖書はすべて神の霊感を受けて
書かれたもので、（人を教え、
戒め、矯正し、義に基づいて）
訓練するために有益です。

（聖書協会共同訳）テモテへの手紙 二 3章16節

私の名によって
願うことは何事でも、
私がかなえてあげよう。

（聖書協会共同訳）ヨハネによる福音書 14章14節

聖書はすべて
神の霊感によるもので、
教えと戒めと矯正と
義の訓練のために有益です。

（新改訳2017）テモテへの手紙 第二 3章16節

あなたがたが、
わたしの名によって
何かをわたしに求めるなら、
わたしがそれをしてあげます。

（新改訳2017）ヨハネの福音書 14章14節

そこで、私は言っておく。
求めなさい。
そうすれば、与えられる。

（聖書協会共同訳）ルカによる福音書 11章9節

神を愛する者たち、つまり、
ご計画に従って召された者のためには、
万事が共に働いて益となるということを、
私たちは知っています。

（聖書協会共同訳）ローマの信徒への手紙 8章28節

ですから、あなたがたに言います。
求めなさい。
そうすれば与えられます。

（新改訳2017）ルカの福音書 11章9節

神を愛する人たち、すなわち、
神のご計画にしたがって
召された人たちのためには、
すべてのことがともに働いて
益となることを、
私たちは知っています。

（新改訳2017）ローマ人への手紙 8章28節

ἐγώ εἰμι ὁ ἄρτος τῆς ζωῆς.

ἐγώ εἰμι ἡ ὁδός καὶ ἡ ἀλήθεια καὶ ἡ ζωή.

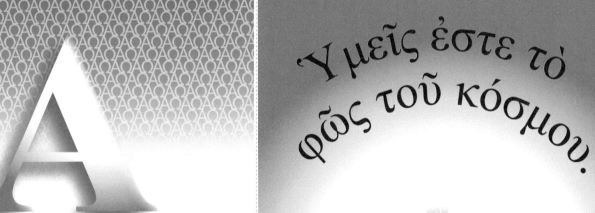

ἐγώ εἰμι τὸ Α καὶ τὸ Ω.

Ὑμεῖς ἐστε τὸ φῶς τοῦ κόσμου.

私は道であり、
真理であり、
命である。

（聖書協会共同訳）　ヨハネによる福音書　14章6節

わたしが道であり、
真理であり、
いのちなのです。

（新改訳 2017）　ヨハネの福音書　14章6節

あなたがたは
世の光である。

（聖書協会共同訳）　マタイによる福音書　5章14節

あなたがたは
世の光です。

（新改訳 2017）　マタイの福音書　5章14節

私が命のパンである。

（聖書協会共同訳）　ヨハネによる福音書　6章35節

わたしがいのちのパンです。

（新改訳 2017）　ヨハネの福音書　6章35節

私はアルファであり、
オメガである。

（聖書協会共同訳）　ヨハネの黙示録　21章6節

わたしはアルファであり、
オメガである。

（新改訳 2017）　ヨハネの黙示録　21章6節

ἐγώ εἰμι ὁ ποιμὴν ὁ καλός.

εἴ τις ἐν Χριστῷ, καινὴ κτίσις.

ἐγώ εἰμι ἡ ἄμπελος ἡ ἀληθινή.

ἡ ΟἰΚ'ΙΑ ΟὐΚ ἔΠΕΣΕΝ· ΤΕΘΕΜΕΛΊΩΤΟ ΓἈΡ ἐΠῚ ΤῊΝ ΠΈΤΡΑΝ.

誰でもキリストにあるなら、
その人は新しく
造られた者です。

（聖書協会共同訳）　コリント信徒への手紙　二　５章17節

だれでも
キリストのうちにあるなら、
その人は新しく
造られた者です。

（新改訳2017）　コリント人への手紙　第二　５章17節

私は良い羊飼いである。

（聖書協会共同訳）　ヨハネによる福音書　10章11節

わたしは良い牧者です。

（新改訳2017）　ヨハネの福音書　10章11節

（雨が降り、川が溢れ、
風が吹いて）その家を襲っても、
倒れなかった。
岩を土台としていたからである。

（聖書協会共同訳）　マタイによる福音書　７章25節

（雨が降って洪水が押し寄せ、
風が吹いて）その家を襲っても、
家は倒れませんでした。
岩の上に土台が据えられていたからです。

私はまことのぶどうの木である。

（聖書協会共同訳）　ヨハネによる福音書　15章１節

わたしはまことのぶどうの木です。

（新改訳2017）　ヨハネの福音書　15章１節

ΧΡΙΣΤΟΣ

ἐάν τι αἰτήσητέ με ἐν
τῷ ὀνόματί μου,
ἐγὼ ποιήσω.

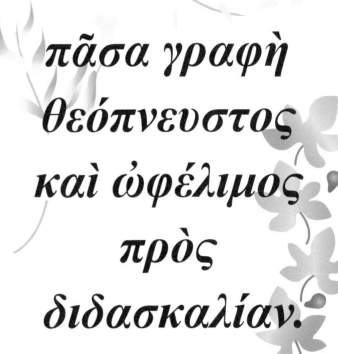

πᾶσα γραφὴ
θεόπνευστος
καὶ ὠφέλιμος
πρὸς
διδασκαλίαν.

τοῖς
ἀγαπῶσιν
τὸν θεὸν
πάντα
συνεργεῖ
ὁ θεὸς εἰς
ἀγαθόν.

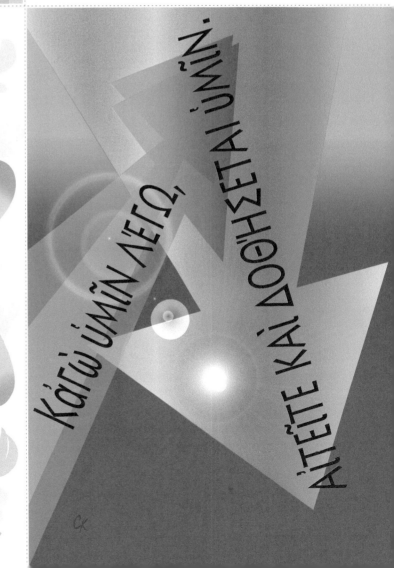

Κἀγὼ ὑμῖν λέγω,
αἰτεῖτε καὶ δοθήσεται ὑμῖν.

聖書はすべて神の霊感を受けて
書かれたもので、（人を教え、
戒め、矯正し、義に基づいて）
訓練するために有益です。

（聖書協会共同訳）　テモテへの手紙　二　3章16節

私の名によって
願うことは何事でも、
私がかなえてあげよう。

（聖書協会共同訳）　ヨハネによる福音書　14章14節

聖書はすべて
神の霊感によるもので、
教えと戒めと矯正と
義の訓練のために有益です。

（新改訳2017）　テモテへの手紙　第二　3章16節

あなたがたが、
わたしの名によって
何かをわたしに求めるなら、
わたしがそれをしてあげます。

（新改訳2017）　ヨハネの福音書　14章14節

そこで、私は言っておく。
求めなさい。
そうすれば、与えられる。

（聖書協会共同訳）　ルカによる福音書　11章9節

神を愛する者たち、つまり、
ご計画に従って召された者のためには、
万事が共に働いて益となるということを、
私たちは知っています。

（聖書協会共同訳）　ローマの信徒への手紙　8章28節

ですから、あなたがたに言います。
求めなさい。
そうすれば与えられます。

（新改訳2017）　ルカの福音書　11章9節

神を愛する人たち、すなわち、
神のご計画にしたがって
召された人たちのためには、
すべてのことがともに働いて
益となることを、
私たちは知っています。

（新改訳2017）　ローマ人への手紙　8章28節

聖書検定ギリシア語 試験申し込み方法

● 申し込み・受検料支払い方法

■インターネットで申し込み（支払い方法：各種クレジットカード、コンビニ、商品代引き、郵便振替、銀行振込）

https://seisho-kentei.com

■FAX で申し込み（支払いは折り返し送付する郵便振替のみです。）

次ページの FAX 申し込みに必要事項を記入し、送信してください。

FAX 番号：045-370-8671

■郵送で申し込み（支払いは折り返し送付する郵便振替のみです。）

右下の申し込みハガキに必要事項を記入し、切り取って切手を貼り投函してください。

■郵便振替で申し込み

郵便振替用紙で（次ページ参照）
申し込みと支払いをしてください。

●聖書検定ギリシア語 試験問題の送付

申し込み後に送付するもの。

1. 聖書検定ギリシア語試験問題用紙、
2. 解答用紙、
3. 返信用封筒

※キャンセル、返金について

申し込み後のキャンセル、及び受検者の変更はできません。一旦払い込まれた受検料の返金はできません。

●聖書検定ギリシア語 試験問題料金（税込）

※飛び級（とびきゅう）はできませんので、
【初級】より順番に受けてください。

級	一般（大学生・18歳から一般）	学割（小学生から高校生）
初級	2,000 円	1,600 円
上級（中級を含む）	3,000 円	2,400 円

はがきでご注文の方は切り取ってお出し下さい ✂

所定の料金の郵便切手をお貼りください

郵便ハガキ

〒236-8799

横浜金沢郵便局
私書箱 4 号

 一般社団法人
聖検 聖書検定協会 行

―聖書検定ギリシア語公式テキストのご注文と、聖書検定ギリシア語検定試験の申し込み―

はがきでご注文の場合のお支払い方法は下記の 2 種類です。いずれかに必ず○をしてください。

○ 郵便振替（商品到着後の後払い）→送料は全国一律180円→3,000円以上お買い上げは送料無料
○ ゆうパックコレクト（代引手数料300円）→送料は全国一律180円→3,000円以上お買い上げは送料無料

品　名	単価	数
聖書検定ギリシア語公式テキスト	￥2,500（税込￥2,750）	

※聖書検定ギリシア語 検定試験は飛び級はできませんので、初級より順番に受けてください。

級	聖書検定ギリシア語 検定試験	受検申し込み	検定料
初級	聖書検定ギリシア語 検定試験	○ 一般で受検します	￥2,000（税込・送料込）
		○ 学割で受検します	￥1,600（税込・送料込）
上級（中級を含む）	聖書検定ギリシア語 検定試験	○ 一般で受検します	￥3,000（税込・送料込）
		○ 学割で受検します	￥2,400（税込・送料込）

※小学生から高校生の受検者は学割が適用されます。

■郵便振替で申し込む場合の記入方法（振込料はご負担いただきます）

振込取扱票

口座記号	口座番号	金額
0 0 1 9 0 - 3	4 4 9 7 9 8	千 百 十 万 千 百 十 円

加入者名　一般社団法人　聖書検定協会

料金　　備考

見　本

通信欄

ご依頼人
おところ　〒　　　—
おなまえ　※　　　　　　　　　　　　　　　　　様
（ご連絡先電話番号　　　—　　　—　　　）

日附印

●通信欄・ご依頼人の
　書き方は右下参照

振替払込請求書兼受領証

口座記号番号
0 0 1 9 0 - 3
4 4 9 7 9 8

加入者名　一般社団法人　聖書検定協会

金額

ご依頼人
　　　　　　　　　　　　様

料金

備考

日附印

はがきでご注文の方は切り取ってお出し下さい ✂

聖書検定ギリシア語 検定試験　受検申し込み

※下記、赤い太枠の中はもれなく必ずご記入ください。

受検者氏名

フリガナ	
氏名	

受検一式・採点一式お届け先住所

郵便番号		都道府県名	（都・道・府・県）
市区町村名			
丁目・番地			
建物・様方等			
電話	—	—	—

※下記、赤い太枠の中で当てはまるものを○で囲んでください。
※小学生から高校生の受検者は学割が適用されますので左記に必ずご記入ください。

一般受検者	一般（大学生・18歳から一般）

学割受検者	小学生	年生
	中学生	年生
	高校生	年生

※受検者複数人の場合は名前（漢字とフリガナも）を記入してください。

氏名	フリガナ	一般/学割	初級/上級

聖書検定ギリシア語 公式テキスト-202306

■郵便振替で申し込みの場合

郵便局に備え付けの
振込取扱票に、
下記の事項を必ず
書いてください。

口座記号：
00190-3
●口座番号：
449798
●加入者名：
一般社団法人 聖書検定協会
●通信欄
「聖書検定ギリシア語【初級】
受検申込」、または
「聖書検定ギリシア語【上級
（中級を含む）】受検申込」と記入
※学割適用者は小・中・高
校生のいずれかを記入
●申込者の
住所、氏名（ふりがな）、
電話番号を記入（正しくお
届けするため、マンション名や
部屋番号も記入）

↑ FAX送信

（送信先: 聖書検定協会 FAX：045-370-8671）

聖書検定ギリシア語 検定試験　受検申し込み

※下記、赤い太枠の中はもれなく必ずご記入ください。

受検者氏名

フリガナ	
氏名	

受検一式・採点一式お届け先住所

| 郵便番号 | | | | | ー | | | 都道府県名 | （ 都・道・府・県 ） |

市区町村名	
丁目・番地	
建物・様方等	
電話	ー　　　ー　　　ー

※受検者複数人の場合は名前（漢字とフリガナも）を記入してください。

氏名	フリガナ	一般/学割	初級/上級

※聖書検定ギリシア語 検定試験は飛び級はできませんので、初級より順番に受けてください。

級	聖書検定ギリシア語 検定試験	受検申し込み	検定料
初級	聖書検定ギリシア語 検定試験	○ 一般で受検します	￥2,000（税込・送料込）
		○ 学割で受検します	￥1,600（税込・送料込）
上級（中級を含む）	聖書検定ギリシア語 検定試験	○ 一般で受検します	￥3,000（税込・送料込）
		○ 学割で受検します	￥2,400（税込・送料込）

一般受検者	一般（大学生・18歳から一般）

学割受検者	小学生　　年生 中学生　　年生 高校生　　年生

※小学生から高校生の受検者は学割が適用にて上記に必ずご記入ください。

品　　名	単価	数
聖書検定ギリシア語公式テキスト	￥2,500（税込￥2,750）	

聖書検定ギリシア語 公式テキスト202306

このページをコピーしてファックスしてください。

先ずは
第5級から
スタート！

クイズ感覚で楽しみながら
ステップアップ！

第5級
聖書検定公式テキスト
体裁：A4判
76ページ全カラー
販売価格：**1,000円**
（税込価格：1,100円）

意外に知らない
ことがあった
ことに気付く。

ああ、そうだったのか！
知るほどに面白い！

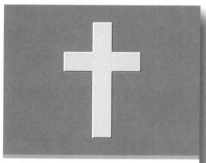

第4級
聖書検定公式テキスト
体裁：A4判
76ページ全カラー
販売価格：**1,000円**
（税込価格：1,100円）

公式テキスト第5級の項目・本論
「初歩的な聖書の知識」（10項目）

第1項　聖書全体の区分を覚えましょう
第2項　天地創造物語
第3項　最初の人アダムとエバ
第4項　神の教え（律法）が与えられる
第5項　旧約聖書の歴史の大筋
第6項　イエス・キリストの誕生
第7項　イエス・キリストの行ったこと・話したこと
第8項　イエス・キリストの十字架の死
第9項　イエス・キリストの復活
第10項　聖霊が降り、教会ができました

受検にあたって
● 受検前チェックリスト
● 聖書検定試験　問題例
● 聖書検定試験　模範解答例

付録
● 聖書にまつわるエピソード
● 聖書66図表
● 聖書通読難易度マップ
● みことばカード

公式テキスト第4級の項目・本論
「よく知られている聖書の知識」（10項目）

第1項　秩序ある世界
第2項　カインとアベル
第3項　ノアの箱舟
第4項　バベルの塔と歴史以前の物語
第5項　アブラハムとイサクの物語
第6項　ヤコブ物語
第7項　バプテスマのヨハネと悔い改めの教え
第8項　イエスの有名な出来事
第9項　イエスの有名な話
第10項　十二弟子のなかのペトロ（ペテロ）、アンデレ、
　　　　ヤコブ、ヨハネ

受検にあたって
● 受検前チェックリスト
● 聖書検定試験　問題例
● 聖書検定試験　模範解答例

付録
● 聖書にまつわるエピソード
● 聖書66図表（英語）
● 聖書古代地図
　（父祖たちが住んだカナン）
● みことばカード

達成感以上の
何かが
あります。

聖書から生きて働かれる
神の愛が流れ出る！

第1級
聖書検定公式テキスト
体裁：A4判
94ページ全カラー
販売価格：**1,200円**
（税込価格：1,320円）

公式テキスト第1級の項目・本論
「専門的な聖書の知識」（12項目）

第1項　創造論と進化論
第2項　メシア預言と救済史と世界史
第3項　祈りについての聖書の教え
第4項　愛の倫理
第5項　イエスの理解しにくい出来事
第6項　イエスの難しい説教
第7項　教会について
第8項　信仰義認
第9項　「コリント第一」の部分的な日本語による釈義
第10項　新約聖書のその他の手紙
第11項　メルキゼデクのような大祭司
第12項　「ヨハネの黙示録」―最後の希望―

受検にあたって
● 受検前チェックリスト
● 聖書検定試験　問題例
● 聖書検定試験　模範解答例

付録
● 聖書の年代表
● ヨハネの黙示録イラスト（縮刷版）
● みことばカード

聖書検定ってなに？

聖書検定は、聖書から出題される検定試験です。
段階を追ったわかりやすい聖書検定公式テキストによって
膨大で難解な聖書を理解し、やさしく学習することができ
ます。クイズ感覚で楽しみながらステップアップすること
ができます。

聖書検定の目的

聖書検定を通して、多くの方々に広く聖書を知っていただ
く機会となることが第一の目的です。
「神のみことば」＝「聖書」を知らずして日本の方々が過ご
すことのないように、その優れて勤勉な国民性を捉え、
検定と言う媒体にしました。

聖書検定の特徴

●聖書知識に限定しており、特定の教派やセクトに偏って
　いません。
●プロテスタント、カトリックの両方に配慮しています。
●聖書検定試験の出題問題はバランス良く、総じて聖書の
　知識が身につきます。
●通信による受検スタイルなので時間、場所を問わず、
　どなたでも受検することができます。

（第1級聖書検定試験のみ、指定期間に全国280箇所の試験会場にて実施）

第3級

学習のコツが
わかって
楽しい。

聖書という世界の共通項が身についてくる！

第3級
聖書検定公式テキスト
体裁:A4判
90ページ全カラー
販売価格:**1,200円**
（税込価格：1,320円）

公式テキスト第3級の項目・本論
「基本的な聖書の知識」（12項目）
第1項　人間は霊をもつ
第2項　「出エジプト」と「十戒」
第3項　「律法」（教え）の中の有名な教え
第4項　「ヨシュア記」「士師記」「ルツ記」「サムエル記」
第5項　ダビデ王とソロモン王
第6項　幕屋
第7項　聖書はどのように作られたか
第8項　イエスのよく知られた出来事
第9項　イエスのよく知られた説教
第10項　十字架の五つの教え
第11項　「使徒言行録」（「使徒の働き」、「使徒行伝」）
第12項　使徒パウロ

受検にあたって
● 受検前チェックリスト
● 聖書検定試験　問題例
● 聖書検定試験　模範解答例

付録
● 聖書にまつわるエピソード
● 使徒パウロの伝道旅行地図
● みことばカード

第2級

より深みへと
入って
いきます。

真のみことばに心うたれより深みへと探求！

第2級
聖書検定公式テキスト
体裁:A4判
94ページ全カラー
販売価格:**1,200円**
（税込価格：1,320円）

公式テキスト第2級の項目・本論
「少し専門的な聖書の知識」（13項目）
第1項　ヨブ記」は世界最高の宗教文学
第2項　「詩編」「箴言」「コヘレトの言葉」（「伝道者の書」、「伝道の書」）、「雅歌」
第3項　預言者エリヤ、エリシャ、「イザヤ書」
第4項　「エレミヤ書」、「エゼキエル書」
第5項　その他の預言書
第6項　聖書の中間時代
第7項　イエスのあまり知られていない出来事
第8項　イエスのあまり知られていない説教
第9項　「ヨハネ福音書」と共観福音書
第10項　「ローマの信徒への手紙」とその他の手紙
第11項　有言実行の人ヤコブ
第12項　聖霊の教え
第13項　全世界に広がる福音

受検にあたって
● 受検前チェックリスト
● 聖書検定試験　問題例
● 聖書検定試験　模範解答例

付録
●①「共観福音書」
　②「ヨハネ福音書」
　③「聖書検定公式テキスト」
　上記３つの比較ガイド表
● みことばカード

聖書検定公式テキストの特徴

聖書検定公式テキストは、第５級から第１級まで、順を追って学習できるように項目別に工夫された素晴らしくわかりやすい聖書のガイドテキストです。A4サイズで文字も大きく読みやすく、イラストや写真、図表なども豊富にあり、全ページカラーで、書き込みができるスペースをとった学習に最適な仕様です。

聖書検定公式テキストの著者（本論）

鈴木 崇巨（すずき たかひろ）東京神学大学大学院修了、サザン・メソディスト大学（修士）、西部アメリカン・バプテスト神学大学（博士）。日本基督教団牧師。前聖隷クリストファー大学教授・宗教主任。著書・『牧師の仕事』（教文館）、『礼拝の祈り』（教文館）、『キリストの教え』（春秋社）、『求道者伝道テキスト』（地引網出版社）、『一年で聖書を読破する。』（いのちのことば社）、『キリスト教どうとく副読本』（燦葉出版社）『福音派とは何か？-トランプ大統領と福音派』（春秋社）など多数。日本中に福音を伝えることをモットーに活動しています。

こんな方にお勧め

■聖書の基礎から全体まで、正確にバランス良く学びたい

■知人・友人・家族に聖書のことを、正しく伝えたい

■キリスト教の学校に入るので聖書を知っておきたい

■学校で世界史を受けているので聖書の勉強をしたい

■海外に赴任・留学するので、聖書を知っておきたい

■聖書をマイペースで自由にじっくり学びたい

■グループで聖書の学びをしたい

聖書検定公式テキストのお求めは

● 全国のキリスト教書店、またはお近くの一般書店から

● ホームページから

（HPでの各種お支払い方法：クレジット・コンビニ・郵貯振替・代引き他）

https://seisho-kentei.com

一般社団法人
聖書検定協会

著者：野口　誠 (のぐち まこと)

東京大学大学院人文科学研究科 宗教学宗教史学博士課程（聖書文献学専攻）修了

元石岡キリストの教会牧師

JTJ宣教神学校顧問

CRJ顧問

編集：有田　貞一 (ありた ていいち)

古淵キリスト教会牧師

聖書ギリシア語講師

聖書ヘブライ語講師

構成・デザイン：村上　芳 (むらかみ かおり)

一般社団法人 聖書検定協会　代表理事

Tokyo Union Church 会員：1872(明治5)年に東京・築地外国人居留地に設立された
超教派のインターナショナル教会。※現在は表参道（東京都渋谷区神宮前）

みことばアートなどクリスチャンアートの制作多数。

聖書のみことばをすべての人に伝えることをミッションとしています。

聖書検定ギリシア語　【初級】・【上級（中級を含む）】

2021年6月1日 初版第1刷発行
2023年6月1日 第3刷

著　者　　　　　野口　誠

編　集　　　　　有田　貞一

構成・デザイン　村上　芳

発　行　人　　　村上　芳

発行・発売　　　一般社団法人 聖書検定協会

〒236-0023 横浜市金沢区平潟町31-1

TEL:045-370-8651　FAX:045-370-8671

Email : info@seisho-kentei.com

URL : https://seisho-kentei.com